沖縄は孤立していない

世界から沖縄への声、声、声。

乗松聡子 編著

金曜日

沖縄は孤立していない　世界から沖縄への声、声、声。

〈目次〉

まえがきに代えて　「醜い日本人」仲間へ　**乗松聡子** 6

※登場する人物の所属や肩書、年齢などは初出のままです。

まえがきに代えて

「醜い日本人」仲間へ

乗松聡子

大田昌秀元沖縄県知事が２０１７年６月12日、92歳の誕生日に亡くなってもうすぐ一年が経つ。沖縄戦体験者として、ジャーナリストとして、学者として、政治家として、平和な沖縄を築こうと研究者人生を完遂した。大田さんの功績で特記すべきはその国際性であった。この本の三十余人の海外筆者たちと交信していて痛感したのは、筆者の大半が大田さんを個人的に知っているか、大田さんの仕事に影響を受けていることだった。この本の出版につながった『琉球新報』の連載を行なった期間は、大田さんがいかに「沖縄」を海外に知らせることに貢献していたかを肌で感じ取る3年間でもあったのだ。

この本は、２０１４年秋から２０１７年秋までの３年間、38回にわたって『琉球新報』に連載した「正義への責任――世界から沖縄へ」を一挙掲載し、オリジナルコンテンツを加えて一冊にしたものである。２０１４年初頭に１０３人の海外識者・文化人がオバマ大統領と安倍首相に出した辺野古移設に反対し、普天間飛行場の即時閉鎖・返還を求める声明（全文と署名者リストは２９１ページに掲載）は沖縄や日本で大きな反響を呼んだ（注釈1）。この連載は、その声明行動を受けてスタートした。この時期は同時に、安倍自公政権の一強が続く中、辺野古埋め立てを承認した仲井眞弘多（なかいまひろかず）前知事への反発を追い風に、新基地に反対の姿勢で２０１４年の知事選で当選した「オール沖縄」の翁長雄志（おながたけし）知事が辺野古基地阻止の公約を実現するのかと市民が注目する傍ら、政権は沖縄の反対の民意をよそに工事を強行してきた3年間でもあった。

このシリーズのテーマは、「応援」や「連帯」を超えて、沖縄に基地を置いている米国やその同盟国を拠点としている者たちが自らの主体的責任を自覚し行動を示すという主題で始まった（乗松による連載第1回および最終回の総括文から読み始めれば、連載の意義がよくわかってもらえると思う）。同時に、沖縄では「海外識者が沖縄の主張の正当性を認めている」というメッセージとしても受け取られた。そしてそれを沖縄だけでなく日本の人に、米国の人に読んでほしいという声も受け取った。その声への応答として、まずはこの本を東京の出版社である「金曜日」から出すはこびとなった。

沖縄の人々に何度も何度も民意を表明させ続ける不正義

筆者の中には、オリバー・ストーンのように名前も仕事も日本でよく知られている人たちもいるが、日本語での出版物があまりない人たちもいるので、日本の読者にとってそれぞれの筆者の人となりがわかるような、または筆者が扱う内容の文脈や最近の状況がわかるようなコメントを乗松が加筆した。また本書には、「正義への責任」連載には登場しなかったノーム・チョムスキーの『琉球新報』独占インタビューやダニエル・エルズバーグの『週刊金曜日』のインタビューに最新の情報を加筆し、さらに沖縄からの総括として、琉球大学法科大学院の高良鉄美(たからてつみ)教授に寄稿いただいた。これだけの海外識者による「沖縄」を焦点とした寄稿集の出版は初めてなのではないかと思う。

前述の「沖縄の主張の正当性」についてであるが、沖縄の主張とは何か。静岡市や釧路市より小さい沖縄本島に、日本が受け入れている米軍専用基地の7割もが集中し、犯罪・事故・騒音・汚染の基地被害を住民が受け続けているのに、基地を減らすどころか「普天間基地移設」の名目で、希少な自然が残る辺野古・大浦湾を埋め立てて新基地を作ることへの当然の怒りである。『琉球新報』の17年9月の沖縄県民世論調査では、80・2%が辺野古基地に反対の意思表示をした。

読者の中には、「2月の名護市長選では辺野古基地に反対していた稲嶺進市長が負けてしまったではないか」と思う人もいるかもしれない。しかし辺野古基地に対する多数派の反対は出口調査からも明らかであり（62%、『琉球新報』）、当選した渡具知武豊候補の票の3割ほどは辺野古に反対する人の票であった。そもそも基地という戦争装置を置くということに対し、疲れている沖縄の人々に何度も何度も民意を表明させ続けるということ自体が不正義ではないか。この連載の第1回として2014年の知事選前に掲載された拙文でも述べたように、私は日本が沖縄の人権迫害を是正する「憲法的責任」は地元の選挙如何で（多数決で）左右されたり増減されたりするものではないと考える。人権侵害の被害者に、その侵害行為がいけないということを何度も聞く必要はないのだ。侵害の当事者はただその侵害の元（基地）を取り除けばいいのである。

大田元知事に初めて会ったのは2010年7月20日であった。英語のオンラインジャーナル『アジア太平洋ジャーナル：ジャパンフォーカス』用に3時間あまりのインタビュー（注釈2）をした。その中で、大田さんは、こう言った。

どうして沖縄問題がこんなに解決が難しいかというと、民主主義といって、民主主義はすべて多数決。772名の国会議員のうち沖縄は9名。今は一人が自民党。以前は半分が自民党だった。半分は政府の言いなり。野党側の5名しかまともに主張できない。767

対5となる。本土の政治家が沖縄の問題を自らの問題として考えるならいいが、他府県の政治家は自分の選挙区のことばかりだから、沖縄のことをやっても自分の票に全く有利にならないといって相手にしない。多数決原理で決めるから常に沖縄は差別されるという構造になっている。これを覆すにはどうすればいいかというのが苦労する。

参議院議員（２００１〜07年）も経験した大田さんが言うように、多数決を原理とする民主主義だけでは沖縄のような少数派の権利が守られないときがある。少数派でも人権が守られるために憲法があるのだ。この本に登場する琉球大学高良鉄美教授が少年時代に、「平和憲法を持つ日本に復帰すれば基地がなくなる」と思ったように、大田さんが戦後心がすさんでいたときに密輸された憲法のテキストを読んで生きる希望を得たように、沖縄に憲法が適用されれば、米軍基地の島ではなくなるとの期待があった（注釈３）。しかし実際には適用されたのは憲法よりも、事実上憲法の上に置かれている日米安保条約であった。沖縄の基地は日米安保体制に組み込まれ、基地集中は続いた。

むろん沖縄の人権が守られないのは日米安保条約のせいだけではなく、日米安保条約を維持し、その具体的な負担を沖縄に押し付け続けている日本の責任である。沖縄への基地集中を許し、また新たな基地建設を黙認し、沖縄の声に耳を傾けないか他人事として知らんぷりしている多くの日本人の責任である。２０１５年、総工費２５２０億円かそれ以上と見込まれた2020年東京オリンピック用の新国立競技場建設計画に「金がかかり過ぎる」と反対の嵐が巻き起こり、新聞やテレビは連日トップ扱いで報道した。元オリンピック選手が涙ながらに反対を訴えるシーンも全国に流れ、世論の重圧に耐えきれないかの如くに同年7月17日、安倍首相は計画の白紙撤回を発表した。

かたや辺野古新基地の総工費は「少なくとも3500億円」と政府は発表しており、米側の情報をもとに、1兆円に上るという指摘もある。同じ国家的プロジェクトでも、辺野古基地より予算的に低いものを「お金をかけ過ぎた」との全国的な世論が巻き起こって計画を変更させることが可能なのだという現実を、沖縄の人々は見せつけられた。辺野古の基地建設については、いくら沖縄から声を上げても大勢の日本人は他人事として素通りし、報道をしたとしても概して「沖縄がわがままを言っている」というような報道しかせず、新国立競技場建設計画を変更したような勢いの世論が起こることはないからだ。国会で起こる「多数決の暴力」が全国世論レベルでも起こっている。

本土の世論は沖縄から見たら「いじめ」

2017年3月の共同通信の全国世論調査では、普天間飛行場の問題を問われ、約53％の人が、辺野古や他の県内に移設、あるいは普天間基地の継続使用と答えている（県外や国外にという人は37％であった）。沖縄に基地負担が固定することで実生活に利益があるわけでもないし、世論調査で沖縄の基地負担に反対したからといってただちに自分の住む場所に基地が来るわけでもない日本の人たちの過半数が、どうしてこういとも簡単に沖縄の過重負担に「イエス」と言ってしまえるのか。これがあからさまな「差別」でなければ何なのか。沖縄から見たら、「いじめ」にしか映らないのではないだろうか。

そのような状況の中、数年前から、「〝復帰〟後50年近く、沖縄の基地過重負担をさせたままで、日米安保をなくすこともできず、それどころか安保支持が圧倒的な多数派である日本の現状では、安保をなくせる日が来るまで基地負担は沖縄ではなく日本であるべきだ」との考えのもと、沖縄の米軍は日本本土に移すべきだ、引き取ろうという運動が少しずつ日本各地で起こっている。長年の「差別」「いじめ」「無視」「無関心」をともなう植民地支配関係だった沖縄と日本が、尊厳と平等の下に関係を作り直す（脱植民地化する）道筋の一つの提示である。

これが、米日の軍事主義と加害に加担することになると、「平和主義」から反対する人もいる。私も安保をなくし基地をなくす目標は一緒だ。しかし、私は、この「差別をやめて」「差別をやめよう」という痛切な思いから生まれた脱植民地化運動を、頭ごなしに否定するのではなく、まずは耳を傾けて、よく考えてほしいと思っている。現に沖縄でも、この運動に賛同する人もしない人もいるが、賛同しない人でも、日本の人に端から否定されたら反感を持ち、やはり差別されていると思うであろう。少なくともこの運動にかかわる日本人は、沖縄の基地集中を深く自らの責任として考えている。それは、日本から駆け付け、辺野古や高江の現場で反対運動を一緒にやる日本人と、形こそ違え、「自分の問題として取り組んでいる」という意味では共通している。そしてそれこそが沖縄の人々が長年求めてきたことなのだ。（注釈４）

２０１７年７月26日、大田昌秀さんの県民葬で、知事時代のある映像が流れた。

……県外にも分散すべきだと言うだけで、自分のところに引き取りましょうとはどなたもおっしゃんないでしょ。日米安保条約重要だとおっしゃるけど、じゃああなた引き取ったらどうですかと言ったら、どなたも引き取るとはおっしゃらないでしょ。なんですか、これは。どこまで沖縄の人は我慢すればいいというんですか？

これは知事２期目の１９９５年11月、「世界ウチナーンチュ大会」のレセプションで日本のマスコミに取材され、感情が爆発したときの映像ということだが、石原昌家沖縄国際大学名誉教授によると、当時これをＴＶで観た沖縄の人は「よくぞ言ってくれた、と留飲が下がった」と思った人が多かったということだ。だから県民の感情を代弁した大田さんの代表的な言葉の一つとして、県民葬でさえ使われたのだ。大田さんは普段は表立って「引き取るべきだ」

という主張をしてはいなかった。しかしこういうときに発露する感情は、多かれ少なかれ沖縄の人々の心の中にあるのではないか。あるとしたら、当然の感情だと思う。

大田昌秀さんは1969年、「復帰」前の著書『醜い日本人』の中で、「本土同胞のひとりひとりが」、沖縄の実態を把握することを「みずからの義務として」取り組むことを沖縄は望んでいるとし、

……沖縄問題についての認識は深まっても、それをたんに知識として身につけているだけでは、期待はもてない。沖縄問題を「みずからの問題」として関心をもち、本土の日本人も沖縄側と手を取って解決をはかるのでなければ、実質的には何らの進展はありえない。本土側で、沖縄の実情についていかに綿密な分析をなし、いかに精密な理論を組み立てても、「みずからの問題として」とらえないかぎり、沖縄側では、それを血の通った議論、自分に身近なものとしては受け取るまい。

と述べた（2000年に岩波現代文庫から出た「新版」の52ページ）。一ページに「みずからの」という言葉が3カ所も出てくる大田さんの訴えは、初版が出てからちょうど半世紀経った今、悲しいことに沖縄からの声として何も古くなっていない。基地押し付けがそのままの状態だからである。日本人が政権維持を許している自公政府は、高江オスプレイパッド建設や伊江島基地拡張を含む本島や付近の軍拡だけではなく、与那国に人口の15％にも上る陸上

自衛隊をすでに配備し、石垣島、宮古島、奄美大島（もともとは琉球圏の島である）に陸自ミサイル部隊や弾薬庫を配備する計画で、小さな島々を汚染にさらし戦場にするリスクをもたらそうとしている。これらの自衛隊問題は辺野古基地以上に本土では知られていない。

「日米同盟」というのは常識となってしまった非常識

米国人を中心とする世界の識者の評論集のまえがきであえて「日本人の沖縄への責任」を問うたのは、この本では主に、米国人や米国の同盟国の人間が、米国の軍事主義に対する主体的責任感を示していることを受けて、日本の読者に対しては、米国と共に沖縄を苦しめている日本の責任をどうとるのか、沖縄にどう向き合うのかをともに考えたいと思ったからである。また、米国が先住民を殺し、蹂躙して建国した時期から、特に19世紀から米国の支配層が軍産複合体の利益のために世界中で侵略と殺戮を繰り返し、地球上に張り巡らした「基地帝国」と宇宙の軍事支配、それを可能にするメディア操作によって現在も自分たちに従わない国を威嚇・破壊・支配し核戦争につながる世界戦争も辞さない姿勢を取り続けていることは、この本の本体を読んでくれれば十分に理解してもらえるだろう。

日本の新聞やテレビは、米国本国や「西側」のメディアと横並びではあるが、日本政府や官僚の意向を反映し、この米国という国があたかも正義の味方で世界の善玉であるかのごとく報じる。トランプ大統領に対しては、「国際協調主義に反する」とか多少小言を言いながらも、日米地位協定と日米安保条約という主権侵害を米国に許し憲法を逸脱する条約を聖域化しながら、日米軍事同盟という絶対的従属関係を全く疑わない報道を続けている。その「米国性善説」をダメ押しするのが、「中国」「ロシア」「北朝鮮」「シリア」といった米国に従わない国の悪魔視という洗脳強化装置だ。

この本に登場する30人余の識者たちは、その見識で、その研究や表現活動で、その経験で、その洞察で、こういったメディアでは語られない米国の真実を見せてくれる。オリバー・ストーンとピーター・カズニックが文中で「捨てるべきは憲法ではなく、安保」と言った。米国の真実を知っている人ほど米国との同盟に対し警鐘を鳴らす。この人たちのメッセージを受け取る日本の人は、「日米同盟」という今は日本では常識となってしまった非常識を問い直していくだろうか。日米安保をなくし、米国と平等で独立した関係を築き直す道を想像するだろうか。そうなると願いたい。

このような言い方をする私を「反米」と呼ぶ人がいるかもしれないが、私は多分そういうことを言う人よりも米国人の友人を多く持っていると思う。問題なのは米国というシステムであり、そのシステムの暴力に気づき、是正しようとしている米国人とつながろうと努力してきた。この本に出てくるような、自分の国をよくするために敢えて批判をしている良心的な米国人やその他の国々の人々と学び合い、つながり合いながら、軍事主義という大きな壁を崩していきたい。大田さんが生前言っていたように「壁の向こうに友人を作る」ことで壁自身が自然崩壊するようなビジョンを描きながら。

この本の編集を担当してくださった「金曜日」の赤岩友香さん、この企画を最初に提案してくださった成澤宗男さん、支持してくださった北村肇社長に感謝します。また、この本の日本本土における出版を理解し支持してくださった普久原均編集局長はじめ『琉球新報』の皆様、お忙しいところ寄稿してくださった高良鉄美さんに心からお礼を申し上げます。

（注釈1）「海外識者沖縄声明」の内容と報道一覧はURL http://peacephilosophy.blogspot.ca/2014/01/blog-post_8.html

（注釈2）このときの大田さんのインタビュー全文は、「『壁の向こうに友人を作る』――大田昌秀元沖縄県知事インビュー」URL http://peacephilosophy.blogspot.ca/2017/06/original-japanese-version-of-interview.html

（注釈3）大田昌秀『死者たちは、いまだ眠れず「慰霊」の意味を問う』（２００６年、新泉社）

（注釈4）この問題については、拙文「沖縄と9条―私たち（日本人）の責任」（東アジア共同体研究所琉球・沖縄センター紀要　２０１６年10月25日号）および「自らの植民地主義に向き合うこと―カナダから、沖縄へ」（前田朗・木村朗共編『ヘイト・クライムと植民地主義』（三一書房、２０１７年）を参照。

―特別寄稿―

あらゆる暴力の時代

ビジョン示す沖縄の運動

マサチューセッツ工科大学名誉教授　ジョン・ダワー

米国の学術界では、近年出版された書籍において、冷戦以降暴力は減少の傾向にあり、1991年のソ連崩壊後はさらに急速に減っているとの議論がなされている。これは、日本の保守的指導層を含む米国の戦略的政策の支持者たちがずっと主張してきたことを補強するものだ。この人たちは第2次世界大戦以降、核抑止力を含む、軍事化された「パックス・アメリカーナ」(米国主導の国際秩序)が世界における暴力の減少を確実なものにしたとの論を張っている。

しかし私は、第2次世界大戦後の時代について、これよりも暗いレンズを通して見ている。第2次世界大戦でどれだけの人が殺されたか確実に言える人などいない。米国は別として、戦争に巻き込まれた国のほとんど全てにおいて破滅と混乱が広がった。

しかしそれ以上に、こんにちにおいても、戦争関連死を特定し数量化する基準は極めて多種多様である。その結果、第2次世界大戦の死者数は、全世界で軍民合わせて5000万人という信じ難く低いものから、8000万人にも及ぶという推計の幅がある。これらの死者数の中で抜きんでて一番多いのがソ連であり、中国がそれに続く。

このような大量殺戮が基準とされてはじめて、第2次世界大戦以降の時代は相対的に暴力度が低いという議論が理にかなったものになるのであろう。

愚劣な戦後政策

1945年から1991年まで続いた「冷戦」という誤解を招く婉曲語法は、この「暴力度が減少している」という主張を補強してしまっている。この時代は、第2次世界大戦のように大国同士が直接対決した武力紛争がなかったという意味で「冷たい」と言えるだけであった。実際この時代は、大虐殺、内戦、部族間や民族間の紛争、反植民地的解放戦争での大国による弾圧、国内政策から派生した大量死（中国やソ連を例とする）を含む、想像し得るありとあらゆる暴力とテロ行為が行なわれていたのだ。

これらの波乱に満ちた時代から現在にいたるまでのワシントンの戦略的外交的政策は、米国寄りのプロパガンダの中では「平和を維持し、自由と法の秩序を守り、民主主義的価値観を促進し、友好国や同盟国の安全を確保することに尽くす」ということだった。

この一見善良なイメージから欠落しているのは、米国の全くもって愚劣な戦後政策がもたらした重大な危害である。その政策とは、残虐な戦争行為、終わりのない軍拡競争の開始、非自由主義の独裁政権の支持であり、世界中の多くの場所における政治不安や人道的危機の一因となってきた。

こういった破壊的な行動は、2001年9月11日、19人のイスラム教主義のハイジャック犯による世界貿易センターとペンタゴンの攻撃を受けて新しい段階に引き上げられた。米国の強圧的な軍事的報復は、世界規模テロ組織の拡散、拡大中東地域の不安定化と、第2次世界大戦以来類を見ない国内外の難民の大量発生を招いた。

9・11事件に続き侵略されたアフガニスタンとイラクは荒廃したまま混乱の中にある。近隣諸国はテロと反乱に苦しみ続けている。バラク・オバマ政権最終年である2016年、米国は少なくとも7カ国（アフガニスタン、イラク、パキスタン、ソマリア、イエメン、リビア、シリア）に対して爆撃と空襲を行なった。と同時に、米軍のエリート組織「特殊作戦部隊」がその多くは内密である作戦を、驚くことに約140カ国という、世界全体の4分の3にも上る数の国々に対して行なった。

「三国人」的偏見は沖縄に対しても

こういった活動を巨大なケージで覆うように存在するのが米国の在外基地帝国である。これらの基地群の中核を成すのがドイツ、日本、韓国にあるような、第2次世界大戦や朝鮮戦争（1950〜53年）にその起源を持つものだが、そのケージは世界全体を覆い常に拡大や縮小を繰り返している。建設から年数が経つものほど規模が大きい傾向にあるが、比較的新しいものは小規模で一時的な施設であることもある。後者は「リリー・パッド施設」（注釈1）として知られ、40カ国ほどにある。現在米国の在外基地の総数は800ほどだ。

沖縄の人々は1945年以来、この広大な軍事化された領域の中心に住んでいる。現在、米軍施設を辺野古などの新規の場所に移設したり、自衛隊と連携して与那国、石垣、宮古、奄美といった離島に拡大したりする計画は、この帝国の領域の存在の持続および変化し続けるその輪郭線を反映している。

かつて、第2次世界大戦後の日本について研究をしている間、私は「三国人」という言葉に初めて出合った。私が驚いたのは、この言葉が在日のコリアン系や中国系の住民に対する軽蔑的な表現であるということだけではなく、沖縄出身の人たちに対しても使われていたことである。

１９４５年の、帝国政府が沖縄とその大衆に強いた残酷な犠牲は、このような、沖縄を日本の他地域とは人種的に分けるような差別感を反映していたと言えるだろう。そして、東京の政府が戦後、「パックス・アメリカーナ」における自らの立場を強めるために沖縄を進んで犠牲にしたのは、このような「三国人」的偏見が根強かったことを示している。

戦後の沖縄の軍事的利用は米国のアジアにおける核と核以外の戦略両方にとって絶対的重要性を持っていた。その歴史を振り返ってみると、米国流の戦争方式というものが非常によく分かってくる。

70年代初頭までは、沖縄の基地群は一般的に共産主義、とりわけ中国を核により「封じ込め」るための鍵を握る要素であった。さらに積極的な意味合いにおいて、これらの基地群は、壊滅をもたらした二つの〝通常〟兵器による戦争の爆撃作戦で不可欠の役割を果たしたのである。

一つ目の戦争は、米国軍が中国国境に脅威を与える様相を呈した後に中国軍が北朝鮮側に進入した朝鮮戦争であった。「冷戦」期に起きた二つ目の大きな戦争は、これも誤解を招く表現だが一般的に「ベトナム戦争」として知られる、インドシナ（ベトナム、ラオス、カンボジア）で起こり、全面爆撃が１９６５年に激化し、米国が１９７３年まで撤退しなかった戦争であった。

これら二つの戦争で米国が勝利を見ることはなかった。それどころか、朝鮮戦争は膠着状態の中で終わり、現在に続く（この紛争を終了させる正式な平和条約が結ばれることはなかった）。インドシナにおける戦争は米国にとって屈辱的な敗北と撤退で終わった。

このような軍事的失敗の経験が浮き彫りにしたのは何か。米軍は第2次大戦後、少数の例外（1991年、短期間だった対イラクの湾岸戦争など）を除いては、第2次大戦で経験したような徹底した勝利を味わうことはなかった。9・11攻撃後に始め、現在まで引きずる「対テロ戦争」は、終わりがないように思えることを除いては例外的とは言えない。それどころか、「米国の戦後政策における軍事的誤算と失敗」というパターンを踏襲しているように見える。

これらの失敗例からさらに明らかになるのは、米国の力ずく戦法への心酔とそれに伴うダブル・スタンダードである。核兵器は別として、米国はそれぞれの戦争での空爆でかつてない規模の破壊をもたらしたにもかかわらず、勝利がその手をすり抜けていった。

定義し直された「テロ爆撃」

今から述べる事実は第2次世界大戦におけるドイツと日本への空爆を知る人にとっても驚きとして映ることが多いようだ。朝鮮戦争で半島に落とされた爆弾の総トン数は1945年の米軍による日本空襲の4倍にも上り、それは北朝鮮の大半の主要都市と何千もの村落を破

ベトナム爆撃のために嘉手納飛行場に飛来した米空軍B52爆撃機＝1967年3月21日

壊した。インドシナ戦争において3カ国に落とされた爆弾の数は日本への空爆の40倍にも上る。朝鮮戦争とインドシナ戦争の死者数はそれぞれ数百万人に上る。

ここでダブル・スタンダードの問題が浮上する。

この１９４０年代から１９７０年代初頭にかけて習慣化していた米国の民間人攻撃は、敵側の士気をくじくことを目的とした国家お墨付きの「テロ爆撃」である。このような率直な呼び方は内部資料には見られるが、米国寄りの解説記事などでは通常タブー扱いされる。いずれにせよ、9・11事件以降は、このような米国自身によるテロ爆撃の前例は記憶から完全に消去されてしまっている。

かくして「テロ爆撃」は定義し直され、いまや、主にイスラム原理主義に動機づけられた「非国家主体」による攻撃を指すようになった。筋書きとして、「文明化された」国や文化は、そのような残虐行為に及ぶことはないということになっている。

沖縄を起点として対北朝鮮の核攻撃の模範演習

朝鮮戦争とインドシナ戦争、あるいは冷戦全般を通じて常に頭上にのしかかっていたのは、ワシントンが核兵器使用に踏み切る可能性であった。ここでも沖縄は米国の計画において主要な役割を果たした。

朝鮮戦争のさ中、米国の最高レベルの立案者は原爆使用を勧告した。例を挙げれば、1950年の終わりにダグラス・マッカーサー将軍は「30個かそこらの原子爆弾を……満州の首の部分一帯に」投下し、それで放射能汚染地帯をつくり朝鮮半島への北からの陸上侵攻を抑止することを促していた。半年後司令官としてマッカーサーと交代したマシュー・リッジウェイ将軍は基本的にマッカーサーの要請を継続し、違ったところと言えば38個の原爆を要求したことだった。1951年の後半には沖縄の嘉手納空軍基地から出撃した爆撃機が北朝鮮に対する核攻撃の模擬演習を行なった（ハドソン・ハーバー作戦とのコードネームがつけられていた）。

1950年代半ばに中華人民共和国と台湾の間にある島に焦点が当たった紛争、いわゆる台湾海峡危機が起きた時、ワシントンの立案者は再び核兵器使用を検討した。今度の標的は中国であった。

19種の核兵器を沖縄に貯蔵

核抑止論の支持者は、実際には抑制が通用し、この致命的な武器を使わずに済んだと強調する。それどころか平和維持に役立ったとさえ言う。しかし機密解除されたこの時代の文書によると、そのように安心できる状況ではなかったことがわかる。

たとえば1956年には、米国戦略空軍（SAC）は800ページにわたる研究結果をまとめ、ソ連と、東ドイツから中国に至る、いわゆるソビエト・ブロックに対する核攻撃の標的候補として1200の都市（と3400の個別の標的）をリストアップした。その5年後、ワシントンとモスクワがベルリンをめぐって警戒すべき対立状態になった時、この計画は更新され、驚くことに127もの中国の都市が核攻撃の可能性のある標的として挙がったのである。

中国は、ベルリンをめぐる米ソの対立と関係がなかったばかりではなく、初めての核兵器実験を行なったのは1964年である。朝鮮半島と同様、中国に対する核攻撃の発射場は沖縄になっていたであろう。現在わかっているのは、1972年前の時点で、米国は少なくとも19種の核兵器を沖縄に貯蔵していた。米国は日本本土各地の基地においても（プルトニウム239などの）核分裂性核種なしの核兵器を蓄えていた。

このような戦後すぐの歴史を綴ることに意味があるのか。私はあると思う。

このように、米国が非戦闘員を意図的に爆撃しても、通常兵器による戦争の戦略的失敗を繰り返しても、その核瀬戸際政策に日本、とりわけ沖縄を巻き込んできても、日本の政治的指導者が米国支持をやめるということはなかった。東京は、ワシントンが奏でる音楽に合わせてただ踊るだけだ。

と同時に、この通常兵器戦争の歴史と、核を使った悪質な威嚇行為は、中国と北朝鮮がこんにち米国に対して持つ不信感をある程度説明することができる。中国も北朝鮮も、これら冷戦初期の米国による核の脅しを忘れてはいない。

新種のハイパー戦争国家

沖縄の核兵器は１９７２年の返還直前に撤去された。そして米国とソ連（ロシアに引き継がれた）が所有していた核兵器は大幅に削減された。それでもなお、米国とロシアは今でも世界を何度も破壊できるほどの核兵器を持ち、米国の核戦略は明確にさまざまな敵対国を標的と想定している（ブッシュ時代の２００１年には中国、ロシア、イラク、イラン、北朝鮮、シリア、リビアが含まれていた）。

核兵器は9カ国（米国、ロシア、英国、フランス、中国、インド、パキスタン、イスラエル、北朝鮮）にも拡散し、日本を含む40を超える国が、専門家が呼ぶ「核兵器保有可能国」という状態であり続けている。バラク・オバマ大統領が誕生した２００９年は、核兵器完全廃絶への道が開けるのではないかという希望があった。しかしオバマ大統領は任期終了前に、「核兵器の近代化」という危険な政策を採用し、他の核保有国が倣うような前例を作ってしまった。

ここには、知覚された脅威に対する理性的な反応というものを超えた力学が作用している。米国に関して言えば、第2次世界大戦後、軍事の絶対的優位性に対する強迫観念がＤＮＡに組み込まれてしまっている。冷戦終了後は、米国の戦略立案者たちは時にはこれを「技術的非対称性」と呼んだ。１９９０年代半ば以降、統合参謀本部は自らの使命を「全方位支配」維持であると規定し直した。

統合参謀本部は、このような米国の優位性は従来の陸・海・空を超え、宇宙とサイバー空間にも至るものだと強調する。

このようなポスト冷戦の戦略作成の背景には、１９８０年代に遡る近代戦の変革がある。ソ連は死のスパイラルに陥りつつある時期であった。パーソナルコンピューターの台頭がこの変革の引き金となり、理論上では米国が朝鮮戦争やインドシナ戦争で経験したような行き詰まりや大失態を免れることができるような技術を提供するものであった。デジタル化された戦争は指揮管制の運用を効率化し、同時に「高性能」で「精密」度の高い兵器を導入した。米国軍にとって1991年の対イラクの湾岸戦争は、いわゆる「軍事における革命」のテストケースであった。米国の素早い勝利は、同年のソ連解体と相まって、米国が疑う余地のない世界の「唯一のスーパーパワー」であることを確実にしたかに見えた。

しかし実際のところは、湾岸戦争の勝利が勘違いを招く結果となった。米国の政策立案者たちが絶対に近い信頼を置いていた技術的「非対称性」自体が落とし穴となったのである。米軍のハイテクによる軍事的優位性に過信を抱いていたワシントンは、アル・カイダによる2001年9月のテロ攻撃に対するアフガニスタンとイラクへの侵略において、抵抗は最小限でどちらの侵攻作戦もすぐ終わるだろうと高をくくっていた。

それが大きな幻想であったということは今は周知の事実である。結果として拡大中東地域は混沌状態となり解決の兆しすら見えない。そしてこの混沌状態に対応しようとして逆に米国は新種のハイパー戦争国家と化してしまった。

これが、ドナルド・トランプ大統領が2017年1月に引き継いだ世界なのだ。これが、安倍晋三首相が改憲によってより積極的な軍事的役割を日本に担わせたいと思っている軍事化された無秩序の世界なのだ。

私たちはこれをどう理解すればいいのか?

ドナルド・トランプは例外的存在ではない

私は、ドナルド・トランプを、知的にも、道義的に、その気まぐれな性質からも、大統領に適した人間とはみなさない人間の一人である。あのように粗野で、不安定で、予測のつかない人間がいまや戦争を始める権限、核兵器を発射する権限さえ持っていることは考えるだけで恐ろしい。

とはいえ、この大統領を例外的な存在とか、一時的な政治的現象と捉えることも誤解につながる考えだ。彼の保守的で右翼的な政治的支持基盤は広大なものであり、多大な権力を有し反動主義的である共和党支持基盤に及ぶ。

そしてそれ以上に、彼の人種主義と「アメリカ・ファースト」の言葉で知られるナショナリズムは、世界的な大衆主義的民族ナショナリズムの危険な台頭と同時に起こっている。この現象はありとあらゆるところに見られる――英国のEU離脱政策や、ロシア、中国、インド、トルコ、ハンガリー、ポーランド、イスラエル等、そして、かつては民主主義的であったEU諸国における大衆主義的右翼運動の選挙における台頭、さらにいま世界中を苦しめている局所的な民族間や部族間の対立がある。

むろん日本もこれらの国と並び称せられる。戦争時代の有害な「大和民族」を謳った民族主義的洗脳は１９４５年以後も完全に消えることはなく、２０１２年12月、第２次安倍政権が発足して以来、その復活はかつてないほどに顕著となった。

不寛容な原理主義的宗教の世界的台頭は、このような集団同一性と他者への軽蔑が激化する傾向が変容した形態である。このような信仰に基づくヘイト集団の中でも、イスラム主義のテロはもっともグロテスクで群を抜いて暴力的なものだ。

「監視国家」に変容

トランプが前例を見ない政治的役者であるという見方は、彼が引き継いだ米国という国家の本質を前にしては冷静に是正せざるを得なくなる。９・11事件以来、米国を、公共および民間セクターにおいて文字通り何百万もの人間を雇う巨大な「安全保障国家」と呼ぶことはほとんど決まり文句となった。戦争と安全保障はかつてないほどに民間が担うようになった。

これと同調して、安全保障についての被害妄想はワシントンに秘密諜報機関が17もあるという状態をもたらし、米国を巨大な「監視国家」に変容させた。この過程において、不透明性がかつてない勢いで蔓延している。軍事関係の出費は偽装するか完全に隠蔽されている。例を挙げれば、中央情報局（ＣＩＡ）が前例を見ないほどに戦争関連の活動にまで手を広げ

2017年7月22日に行なわれた「辺野古・大浦湾の埋め立てを止めよう！人間の鎖大行動」
＝名護市辺野古のキャンプ・シュワブゲート前

てきている（いったん暴露されたら激しい非難の的となる拷問行為を含む）のに、その膨大な予算は秘密のままである。変容し続ける在外基地の帝国や、秘密作戦を拡大し続ける特殊作戦部隊の実態が公になることはめったにない。

安倍首相が憲法を改定することに成功し、日本がより「普通の」軍事的役割を担うように仕向けたら、このような「戦争の世界」に日本が引きずり込まれることになるのだ。そのような日本が今後、より独立した国、自立した国になっていくという可能性は全くない。日本は単純に、このおぞましい「新パックス・アメリカーナ」の枠内で、より積極的な軍事的役割を担っていくような重圧にさらされるようになる。

アジアにおける米国の「封じ込め政策」

好戦的な状況に取り囲まれているようなこの世界において、具体的に責任を持って反対運動を行なうことは大変な勇気と創造性を要することだ。沖縄の平和運動においてこのような反対運動はずっと行なわれてきたことだが、明確な反対の声を上げ続けることが今こそ重要である。

直接的であれ間接的であれ、沖縄の人々の基地反対の声は、軍事化された「パックス・アメリカーナ」に独自の批判的な視点を提供する。まず初めに、とどまるところを知らぬ米国の基地帝国の本質に注目を集めることができる。戦後すぐに起きた日本の沖縄施政権返還を訴える大衆運動は、米国による琉球の新植民地主義的支配が許されるものではないということを日米政府に説得するのにとても効果的であった。辺野古の基地建設に対する抵抗のような現在の運動によって、膨大な米軍のプレゼンスは継続しているという事実が具体的な形で明るみに出る。また、自衛隊との連携による与那国などの小さな島々に軍隊を配備する計画は、世界中で米国が次々と新しく、そして多くの場合は秘密裏に展開している「リリー・パッド」前哨基地の生々しい例である。

このように、アジアにおける米国の「封じ込め政策」の挑発的本質のきりのない実例の数々を沖縄の人々が日本、世界に対して忘れないように伝え続けることは極めて重要だ。
沖縄の反軍事運動はまた、琉球の軍事的搾取を常に性格づけてきた米日合同の独特の差別体制を露わにする。東京の政府による政策決定に、このような根強い「三国人」的偏見がある。しかし、近頃は右を見ても左を見ても世界中でこのような「民族ナショナリズム」と人種的偏見が上昇傾向にある。沖縄差別はその中でも長く続いている例だ。
以上のような理由から、沖縄の反軍事運動は私の目には模範的なものに映る。具体的で信念に基づくもので、焦点が定まっている。この運動を通じて露呈するのは、戦略的、軍事的戦略において東京がワシントンに異議を申し立てる意思がないか、あるいはその能力がないことである。「平和維持」や「安全保障」の処方箋として「軍事力による威嚇」を使うことは米国の主流派に蔓延し、いまや日本の保守派やネオ・ナショナリストたちの熱心な支持を受けているが、沖縄の運動はそのような処方箋を拒絶する平和のビジョンを映し出している。

（注釈１）米軍が今世紀になってから秘密裏に世界中に展開している数多くの小規模な軍事拠点で、池に浮かぶ蓮の葉にたとえて「リリー・パッド」と呼ばれる。

（２０１７年９月25日～10月３日）

◎編者から一言

「正義への責任」連載の筆者として、ダワー氏に4回にわたる連載となった長文を寄稿してもらえたことは嬉しい驚きであった。「暴力と〝パックス・アメリカーナ〟についての一歴史家の考察」と題されたこの文は、ダワー氏の最新著作『アメリカ　暴力の世紀』（岩波書店、2017年）の大まかなまとめと位置付けられるものと思う。この本の翻訳をした、戦争責任の専門家として知られる歴史家の田中利幸氏は、近代日本史家として知られているダワー氏がその到達点として米国の「暴力の世紀」に焦点を当てた本を書いたのは、『民衆のアメリカ史』を書いたハワード・ジン氏の直接的な手法に比べ「日本という鏡」に映した間接的な方法を取ったという相違点があるが、ジン氏と同様に「自国アメリカは一体、どのような歴史を歩んで現在のような暴力的な超軍事大国になってしまったのかという、底深い批判的な疑問」が通底していると指摘する。ダワー氏は、「第二次世界大戦後は世界の暴力が減少している」という主流派の歴史家の主張をうけ、冷戦期を通じて代理戦争や内戦誘発を繰り返し殺戮だけでなく難民、貧困、環境破壊などあらゆる戦争被害を世界中に与えてきた米国に蓋をし、「一世紀の4分の3の時期を占めるこの期間を『平和』と呼んで綺麗ごとにする」欺瞞を強烈に批判する。その姿勢には一米国人の歴史家としての責任感がにじみ出ている。

ジョン・ダワー（John Dower）

1938年生まれ。空軍勤務の後、1962～65年金沢、東京で教員・編集者。1991年から2010年までマサチューセッツ工科大学（MIT）教授。現在は同名誉教授。著書に『敗北を抱きしめて』『容赦なき戦争―太平洋戦争における人種差別』『忘却のしかた、記憶のしかた』など。2017年11月に『アメリカ　暴力の世紀』（岩波書店）を刊行。

「連帯」超え当事者に

「103」賛同人と憲法の奇縁

『アジア太平洋ジャーナル・ジャパンフォーカス』エディター　**乗松聡子**

さる2014年8月11日、ピーター・カズニック（アメリカン大学）と東京の米国大使館を訪問した。ケネディ大使との面会を要請していたが、代理のダーナ・ウェルトン政務担当公使が対応した。私たちは、2月の沖縄訪問で大使が稲嶺進名護市長と面会したことを評価し、大使が日本のイルカ漁を非難したとき沖縄では、同じ海洋ほ乳類のジュゴンにも関心を持ってほしいとの期待が高まったことを伝えた。

ウェルトン公使は笑みを浮かべながら聞いていたが、私たちがいったん辺野古の「新基地建設」問題に触れると、直ちに「キャンプ・シュワブの拡張」と言い換えた。私はそのような表現を米日の公職者が使うのを聞いたことがなかったので当惑した。大規模埋め立て計画を既得の基地の「拡張」と呼ぶことによって矮小化しようとしているのか。公使は新基地への沖縄の大多数の反対には理解を示したが、政府の立場として「普天間危険性除去」、県外移設を問うと「一体運用の必要性」という常套句を並べた。

キャンプシュワブのゲート前の集会に参加する（左から）ジョセフ・ガーソン氏、一人おいてピーター・カズニック氏、乗松聡子氏＝2014年8月13日午後、名護市辺野古

翌日の8月12日、沖縄でジョセフ・ガーソン（米国フレンズ奉仕委員会）と合流し、3人で在沖米国総領事のアル・マグルビー氏を訪ね、辺野古基地中止と普天間返還を求める国際ネット署名を印刷した冊子を持参した。沖縄の仲間たちが街頭で集めた3000の肉筆署名も含む1万5000筆強を「米国が沖縄でしていることに懸念を持つ米国人は数多くいます」と言いながら手渡した時、マグルビー氏はその分厚さに驚いた様子だった。

この署名はピーター、ジョセフ、ガバン・マコーマック（豪国立大学）と共に1月に発表した「世界の識者・文化人による沖縄声明」に端を発する（14年1月9日、30日付『琉球新報』参照）。ノーム・チョムスキー、ナオミ・クライン、マイケル・ムーアなど、世界で活躍する１０３人の「良心」が結集したもので、ＡＦＰ、ロシアＴＶなどの世界メディア、ＮＨＫ、ＴＢＳ、『東京新聞』、共同通信などの日本の大手メディアも扱った。

日本国憲法の条文と同じ数

この「１０３」という数字は、賛同人１００人を目指した結果、発表時にこの数字に達したのだが、３月に琉球大学法科大学院の憲法学者、高良鉄美氏に会ったとき、「日本国憲法は１０３条までなのでちょうど同じ数ですよ」と指摘された。偶然とはいえ素晴らしいですね、と盛り上がったのだが、その後深く考えさせられた。

思い出したのは、高良氏が『週刊金曜日』２０１４年1月17日号のインタビュー記事で語った小学校時代の憲法との出会いだ。沖縄でベトナム戦争色が濃く米軍が引き起こす事故や犯罪が多発していた時期、日本の憲法と出会い「軍隊を持たない平和主義の国」に「ビックリ」し、「日本の憲法が沖縄を救ってくれる」と信じていたというところを読んで、涙があふれ、申し訳ないという気持ちでいっぱいになった。「復帰」しても日本は沖縄に憲法を適用せず過重な基地負担を放置し、高良少年や、同じように思っていたであろう幾多の子どもたちの夢を打ち砕いたのだ。

２０１３年５月、米軍ヘリパッド建設反対運動が続く東村高江テントで、元衆議院議員の古堅実吉氏に会い、沖縄戦時「鉄血勤皇隊」として強制動員された体験を聞き、氏が定期的に開く戦後沖縄史を学ぶ講座に参加した。そこで聞いて驚いたのは、１９６５年、米軍占領下で無憲法状態の沖縄において、古堅氏らの主導で、当時の琉球立法院が日本の憲法記念日の５月３日をあえて沖縄の祝祭日に定めたことだ。

戦争の教訓から制定された平和憲法を切望してのことと知り、同年に日本で生まれ、憲法を当然なものとしてのうのうと生きてきた自分を心から恥じた。そして何よりも、憲法が当然と思えるような日本の「平和」状態が沖縄の強いられた犠牲を踏み台として成立しており今に至ることを、痛みと共に自覚した。

「正義への責任」という課題

私は自分たちの行動はこの「１０３」が示唆する憲法的責任を沖縄に対して果たすことだと思っている。８月13日の名護シンポ「沖縄が世界に求めることは何か」で発表した文書で強調したのは、「世界声明」の賛同者１０３人も大半は米国かその同盟国の人間ということだ。

私はカナダの人間だが無論日本人でもある。辺野古や高江の工事がこの瞬間も強行されている中、加害側の市民たちは「応援」や「連帯」といった意識を超えて、当事者として自国の政府と市民を動かす責務がある。

日米の沖縄に対する不正義の本質は、面積あたり県外の約５００倍もの米軍基地を押し付けているすさまじい不平等であり、「復帰」しても憲法を適用するどころか憲法とは矛盾する日米安保体制の維持強化のために沖縄を利用してきた差別構造にある。これを一刻も早く是正し解消する必要があるのであって新基地建設など論外である。

これは根本的には沖縄に平和、人権、平等をもたらすべき憲法の問題であり、多数決原理の政治によって左右されるものであってはならない。基地建設は日米の責任において直ちに中止しなければいけないものであり、それは知事選の結果にはかかわらない。

以上が「正義への責任」という課題への私なりの回答である。この後も世界からの寄稿が続くが、それぞれの考えと行動を読者の評価の目にさらしたいと思う。

（２０１４年10月６日）

◎編者から一言

「正義への責任」連載の初回を書いてから3年半が経つ。ここでは「海外識者沖縄声明」署名者の103人という数がたまたま日本国憲法103条の条数と一致していることを高良鉄美氏に指摘されたという「奇縁」を紹介しているが、いまになってそれを上回る奇縁が生じている。この回で引用している高良氏の言葉は、『週刊金曜日』の2014年1月17日号に掲載されたものであり、その「金曜日」が今回、この連載の書籍版を出すことになったからだ。そしてこの本にも高良氏の特別寄稿をもらう運びとなった。何か運が一周して戻ってきたような気がする。重なる奇縁をたぐりよせるべく、当時の高良氏の談話を読み直してみる。氏は、憲法が保障する「人権、平和、自治」という理念は、米軍政下で言論の自由さえなかった沖縄にとっては現実的に必要とされたものだったのであり、だからこそ復帰運動を通じて「自ら勝ち取りに行った」ことを強調していた。憲法のために日本に戻ったのだから、「改憲されたら日本に復帰した意味がなくなる」のであり、「独立」の声も高まるのだと。4年後の今、安倍政権は実際に改憲を俎上に載せており、沖縄に新基地を強要する姿勢を崩していない。沖縄から「復帰」を悔やむ声が聞こえてきても当然であろう。安倍一強を許し続けている私たち日本人の責任は重大だ。

のりまつ・さとこ

ピース・フィロソフィーセンター代表として、沖縄の基地問題を日英両文で積極的に発信。ガバン・マコーマック氏との共著『沖縄の〈怒〉——日米への抵抗』(法律文化社)ほか。沖縄の平和創造と人間の尊厳回復を目指す百人委員会のメンバー。

沖縄は孤立していない

不正義との戦い 最前線に

アメリカン大学教授
ピーター・カズニック

1965年、ギリシャ市民が米国に支持された右翼独裁政権を転覆させ、進歩的な政権に交代させせようとしていたとき、口の悪いことで知られるリンドン・ジョンソン大統領は駐米ギリシャ大使に対し激高して言った。「大使、よく聞け。議会とか憲法とかたわごとを言うな！アメリカは象だ。キプロスはノミだ。ギリシャもノミだ。2匹のノミが象をこれ以上チクチクし続けたら象の鼻でぶったたくぞ！……あんたの国の首相がこの私に民主主義だの議会だの憲法だのを偉そうに語り出したらな、やつの首も、議会も憲法も先は長くないと思え」

現在の米国指導者から見ても、沖縄はいまいましいノミのような存在である。ヒラリー・クリントンが2011年11月に『フォーリン・ポリシー』誌「米国の太平洋の世紀」で表明したような、米国がアジアの巨象の地位を維持し強化する計画の障害物になるのだ。

ジョセフ・ナイなど専門家の中には米軍基地が沖縄になければいけないという理論に疑問を持つ人もいるが、いまだに米国のアジア戦略の要所であると主張する人もいる。沖縄は米

名護市辺野古で新基地建設に反対する住民が座り込むテントを訪れたピーター・カズニック氏(中央)。左はオリバー・ストーン氏＝2013年8月14日午後、名護市辺野古

国の終わりなき戦争の出撃拠点とされてきた。沖縄だけでなく日本列島全体の米軍基地は本質的に、米国の中東と中央アジアへの軍事展開のための前進基地として機能している。かつて米国のベトナム侵攻の時にそうしたように。

日本の他地域ではだめで沖縄に集中させる戦略的理由はなく、理由があるとしたら、日本の指導層が米国と同様に沖縄を植民地扱いしているので、自分たちの裏庭に置きたくないものを沖縄に押し込めているからだ。

沖縄の位置を知らない米国人

ジョンソンと同様にオバマも、新基地建

設の前に立ちふさがる人間は誰であろうが「ぶったたく」覚悟があるようだ。２００９年当時の鳩山由紀夫首相が基地移設に向けての合意を再交渉しようとした際、オバマは鳩山政権を実質的に引きずり下ろし、結果的に安倍自民党政権復活への道を開いてしまった。

そして現在、安倍と海上保安庁は基地建設作業に抵抗する人たちを「ぶったたいて」いる。米国象と東京の子分象たちは、沖縄本島のおよそ2割の面積をも騒々しく汚染された軍事基地によって虫食い状態にしておきながら、まだ残されている美しい自然環境までも餌食にしようとしている。ジョンソンに倣ってオバマも、沖縄のこととなると「民主主義だの、議会だの、憲法だの……は先が長くないと思え」と言わんばかりだ。

沖縄の民主主義と人権が踏みにじられながら辺野古の作業が進むのは見るに堪えない。米国人の責任は重大だ。私は１９６０年代から70年代にかけてベトナム反戦運動家であったが、沖縄が米国のベトナム侵攻の出撃基地となっていたにもかかわらず、私は沖縄のことをあまり意識していなかった。沖縄で休息中の米兵が地元の女性たちに対して犯した犯罪についてもほとんど知らなかった。１９６８年、ベトナム爆撃に使われていたＢ52が嘉手納の核兵器格納庫近くで墜落し住民を恐怖に陥れていたことも知らなかった。

私がこれらのことを知らなかったということは、米国人の大多数も知らないはずだ。今でも米国人の大半は世界地図で沖縄の位置を示せない。ベトナム戦争で３８０万人ものベトナム人が死んだことを知る米国人はほとんどいない。

戦争の準備ではなく平和の準備をしよう

私は2013年8月に沖縄に行って初めて、米軍施設の存在がもたらす害悪をこの目で見た。この沖縄行には、TVドキュメンタリーシリーズと本『もうひとつのアメリカ史』を共作した映画監督オリバー・ストーンが同行した。彼と辺野古の海に船で出た時は、埋め立て計画がいかに大規模であるかを実感した。

この時以来、インタビューや講演、執筆等で機会があるごとに、沖縄の人々が被ってきた不当な仕打ちについて語っている。2014年1月に「海外識者沖縄声明」を発表した直後、糸数慶子参議院議員が訪米した時は、声明賛同人を代表してジョン・フェファーと私が糸数氏と共同記者会見を行なった。同年8月にはジョセフ・ガーソン、乗松聡子と再び沖縄を訪問し、キャンプ・シュワブのゲート前で新基地建設反対の行進に参加した。そこでは沖縄の人々の気迫とコミットメント、そして私たちを快く招き入れてくれる親切さを感じた。

私たちは沖縄の闘いを世界中に知らせるためにできることは何でもしたいと思う。沖縄のメッセージとは、戦争の準備ではなく平和の準備をしよう、軍隊や基地ではなく公園や学校を造ろうというものだ。諦めてはいけない。沖縄は孤立していない。沖縄の皆さんはノミではない。ゴリアテに打ち勝つダビデである。それに米国がもはや世界における「象」ではないことも次第に明らかになってきている。張子の虎ともいえるかもしれない。それに象は記憶力が優れているといわれるが、米国は学習も記憶もしないように見える。過去の戦争からの教訓はなかったかのごとくアフガニスタン、イラク、シリアで戦争をしてきている。

沖縄の闘いは世界の帝国主義、侵略、軍国主義という不正義との闘いの最前線だ。あなたたちも、私たちもこの闘いに勝たねばならず、勝つことは可能だ。

（２０１４年10月22日）

◎編者から一言

ピーター・カズニックは1995年以来毎年、ワシントンDCのアメリカン大学の学生を連れて、広島・長崎の原爆投下記念日に合わせて来日する学習旅行を引率してきた。私は2006年以来この旅に通訳として参加し、カズニックと共に仕事をしてきた。ファシスト帝国日本を倒す戦争の中だったとはいえ、住宅が密集する地域に2つもの原爆を落とし、何十万もの市民を殺し、放射能の被害を負わせた原爆投下は、非道以外の何物でもない。米国の加害責任を意識しながら、カズニックは20年以上日本に通い続け、被爆者の声に耳を傾けてきた。そのようなカズニックでさえ、沖縄で米軍基地がもたらしてきた危害については「あまり意識していなかった」とこの記事で書いている。オリバー・ストーンと初めて沖縄に行った2013年夏以降、彼にとって日本に広島・長崎に加わるもう一つの大事な場所ができた。2014年初頭の「海外識者沖縄声明」のときにはダニエル・エルズバーグ、ロバート・リフトン、マーティ・シャーウィン等、米国の著名な反核学者の署名を片っ端から集めてきた。「勝つことは可能」と言い切ったカズニック。挑戦は続く。

ピーター・カズニック（Peter Kuznick）

アメリカン大学歴史学教授。1995年以来、原爆史を学ぶ旅で米学生を8月広島と長崎に引率。日本語で出版された近著にはオリバー・ストーン氏との共著『もうひとつのアメリカ史』（早川書房）、ストーン氏、乗松聡子との共著『よし、戦争について話をしよう。戦争の本質について話をしようじゃないか！』（金曜日）など。

日本政府が占領了承

「本土並み」の約束反故に

ブラウン大学名誉教授 スティーブ・ラブソン

私は1967年7月から68年6月まで、キャンプ・シュワブに隣接した辺野古弾薬庫に陸軍召集兵として駐留した。到着と同時に、米国人と沖縄人の間にはとてつもない経済的・政治的断絶があることがわかり、米軍が地元住民に対し見下すような態度を取っていることに気づいた。

後になってわかったことは、基地で用務員、皿洗い、仕立屋、草刈り作業員といった仕事に就いていた人々や、辺野古でバーのホステスや売春婦をやっていた人々の多くは、50年代の米軍基地建設において土地を奪われた農家出身であることだった。

占領下の数々の法令の下では市民が選挙において自由に代表者を選ぶことは阻止され、土地闘争や訓練中の死亡事故に対する補償問題、強かんや殺人を含む米兵犯罪の裁判などにおいては常に米軍が優先された。私が目撃したのはそのような不正義の一端であった。

1960年代末は、沖縄の日本復帰運動がピークを迎えていた時期である。米軍政下、第三世界水準の生活環境を強いられていた沖縄に比べ、日本は民政憲法下で繁栄を謳歌していた。当時沖縄で日常的に行なわれていた抗議集会、デモ行進、座り込みなどはアフリカ系米国人の公民権運動を彷彿とさせた。

陸軍関係者によると復帰を求める者は「共産主義者」であり、デモ行進には近寄るなとも言われた。しかし私は基地の門外で配っていた2カ国語のビラ、地元の図書館で読んだガリ版広報紙で英語に訳されている部分、英語を話せる人たちから聞いたことなどから多くを学んだ。沖縄の人々は、基地がベトナムで他のアジア人を殺すために使われることが許せなかったのだ。

辺野古弾薬庫に配属されていた1968年当時のスティーブ・ラブソン氏（本人提供）

また、もし戦争が地域全体に拡大した場合は沖縄が米軍拠点として再び45年のように壊滅させられるという不安があり、しかも今回は沖縄に大量に貯蔵されていた核兵器が関与する可能性があった。当時話した琉球大学の学生は「我々はアメリカ人を個人的に恨んでいるわけではないが、ペンタゴンがこの島を運営することに、もううんざりだ」と言っていた。

不正義を描く沖縄文学

私は除隊後、上智大学で日本語を学び、復帰前年の71年に再び沖縄を訪れた。その年、東峰夫(ひがしみねお)氏の「オキナワの少年」が芥川賞を受賞した。コザの米兵向けバーや売春宿がひしめく界隈で育った10代の少年を描くこの小説に感銘を受け、米国人が読むべきものと思った。それをきっかけに沖縄の他の作家の本も読むようになり、沖縄文学は文学作品として優れているだけではなく、その中での不正義の描写に迫り来るものを感じた。

その不正義とは、米軍基地の存在に起因するものだけではなく、米国国内や他の国々におけるさまざまな不正義にも通じるものである。特に日本本土におけるウチナーンチュ、在日コリアン、中華系の人々の少数派としての体験を描いた詩人の山之口貘に私は注目した。沖縄の文学者の作品は、英訳して世に出したら日本国外でも多くの人々の共感を得るであろうと確信し、翻訳に携わるようになった。

その後、短編小説「カクテル・パーティー」の翻訳で著者の大城立裕氏と仕事をするために83年に沖縄に行くまで12年間のブランクがあった。日本政府は復帰後の沖縄の基地負担を「本土並み」にするとの約束を反故にしたと聞いてはいたが、実際に基地の存在が12年前とほとんど変わっていないことを目の当たりにするのはショックであった。沖縄は日本政府の全面的了承のもとに米軍の占領下に置かれたままだったのである。

第2次世界大戦後70年経った今も、沖縄に2万5千人以上の米軍が駐留し続けているのは、米国の公式見解によれば日本を守り地域の安全保障を維持するためということだ。しかし本当の狙いは常に別のところにあった。米国が沖縄で兵器を貯蔵し、航空機を整備し、訓練を行なってきたのはベトナム、イラク、アフガニスタンといった遠い場所での戦争に米軍を派遣するためであった。

「知事承認」を強調

近年私は、辺野古の海兵隊基地建設に反対する運動に加わり、座り込みテントで抵抗する市民と行動を共にしたり、雑誌や新聞に記事を書いたりしてきた。また２０１４年2月には、１９６７〜68年にかけて同じく辺野古に駐在していた元米兵仲間4人と一緒に、オバマ大統領とヘーゲル国防長官宛てに基地建設中止の請願書を送った。

オバマ大統領からは、定型フォームを使い米国の外交政策の方針を売り込むだけのような返事が来たが、デイビッド・ヘルビー国防次官補代理（東アジア担当）からはより詳細にわたる返答が来た。そこでは「辺野古の移設基地建設は日本政府の全面的な合意を得ており、仲井眞弘多知事も最近承認した」と強調していた。

沖縄の人々は基地反対運動と国際的な環境運動とを上手に連携させてきており、法廷や投票所や基地建設予定現場において反対を訴えてきた。沖縄の人々が、世界で最も強大な2国による弱い者いじめと腹黒い計略に対し20年近く抗議行動を続け、成果を挙げてきていることに私は勇気を与えられてきた。これからも抵抗運動に参加していく心づもりでいる。

（２０１４年10月27日）

◎編者から一言

スティーブ・ラブソンが辺野古に駐留していたときから50年経つ。彼は沖縄文学の翻訳者としていまも活躍中であるが、沖縄に対する不正義を正そうとするアメリカ人で彼ほど「行動する人」はいないのではないかと思う。沖縄訪米団がワシントンに行けばロード・アイランド州から出てきて議員会館でのロビーイングやシンポジウムなどに付き添う。ホワイトハウス前での行動も共にする。この記事にもあるように常に米国政府への手紙を書くなど、米国市民として米国政府に直接訴える行動を継続して行なっている。新聞に自ら投書するだけでなく、ニューヨーク・タイムズやワシントン・ポストの記者にもいつも沖縄の情報を提供して報道を促している。2015年2月22日、キャンプ・シュワブ前での抗議行動でリーダー的存在である山城博治さんともう一人の人が基地内に一時拘束されたときも、米国東海岸では深夜だったにもかかわらずスティーブはキャンプ・シュワブに何度も抗議の電話をした。夜中に情報交換しながら、「ホーク上等兵が対応したが何も情報は出せないと言われた。二人がまだそこにいるのかいないのかも教えようとしない」と憤慨したメールを送ってきたのを覚えている。山城さんらは名護署に移され翌日に解放された。米国本国から沖縄の基地への、元陸軍兵の電話は、インパクトがあったに違いない。見えないところでたくさん動いているスティーブを、見習いたい。

スティーブ・ラブソン (Steve Rabson)

ブラウン大学名誉教授・沖縄文学翻訳家。東峰夫著「オキナワの少年」と大城立裕著「カクテル・パーティー」の英訳は『オキナワ：戦後小説二編』として1989年米国で刊行。翻訳した沖縄文学は他に山之口貘の詩「不沈母艦沖縄」、喜舎場順の「暗い花」、目取真俊の「希望」がある。

東シナ海地域の中心に

独自外交へ自治権を

オーストラリア国立大学名誉教授　ガバン・マコーマック

２０１４年11月16日の沖縄県知事選は、人口約７５０万人のカタルーニャがスペイン国家との関係性について住民に意思を問う投票の一週間後に行なわれた。人口約５３０万人のスコットランドが英国からの独立を問うた住民投票の2カ月後でもあった。

欧州全体がまだ進化の過程にある中、両地域での試みが成功裏に終わるにせよ否にせよ、19世紀と20世紀に確立された近代国民国家から、地方がより大きな自治権と権限移譲を求めていく世界的な傾向が顕著に現れた例である。

日本国家による不当な扱いへの沖縄の怒りはスコットランドやカタルーニャの比ではない。１６０９年、武力侵攻により琉球王国は薩摩の支配下に置かれ、１８７９年には「処分」という形で王国は完全に断絶させられた。

１９４６年憲法で現代日本の枠組みができたときも、そして１９５１年対日講和条約と日米安保条約が成立したときも、沖縄は除外された。沖縄はそれ以来、米軍基地と戦争準備を

「北限のジュゴンを見守る会」の鈴木雅子代表（左端）と「ヘリ基地いらない二見以北十区の会」の浦島悦子共同代表（右端）から説明を受けるガバン・マコーマック氏＝2014年7月2日、名護市辺野古

優先する仕組みに服従させられてきた。

日本の沖縄に対する差別、嘘、欺瞞の歴史を知ったらスコットランド人やカタルーニャ人も驚くであろう。英国やスペインだったら、地域住民の5人に4人が反対しているにもかかわらず大規模な外国基地の建設を進めるなどあり得ない。現在、スコットランドもカタルーニャも、日本における沖縄より大きな自治権を享受してきている。それでも両地域では独立を求める声が高い。

沖縄では歴史の傷跡は深く、「沖縄問題」は深刻であるにもかかわらず、今回の県知事選において独立が語られることはほとんどない。主要な候補者は全員が保守派だ。辺野古新基地への賛否で分かれてはいるものの、日米安保体制の支持においては一致している。

この選挙が終わったら、沖縄の人々はこのようなスタンスが存続可能なのかという問いに直面するだろう。沖縄にとって恐るべき現実は、日本が米国との軍事戦略的協力関係を深め、中国との軍事的対立と中国封じ込めの主な負担を沖縄に強要することにより、沖縄の安全性はかえって後退するということだ。

国策の矛盾の中に置かれたまま

沖縄が、日本の反中的姿勢に同調することに伴う負担や危険性を知りながらもそれを容認する理由があるとしたら、一つは中国に対し否定的感情を持つ人が多いことだ（最近の調査では約90％）。日本本土と同じように沖縄では、中国が東シナ海や南シナ海において理不尽で強引な領有権の主張をしているとの理解が一般的だ。

しかし、どこの国も似たり寄ったりだ。日本は中国ほど非難にさらされていないが、海洋における権利で隣国全て（中国、台湾、ロシア、韓国）と論争状態にある。さらに、1982年の国連海洋法条約に基づき日本が主張する排他的経済水域は北太平洋から北西太平洋にかけて広大な領域を占め、中国を大きく上回る。その範囲は日本の国土の約12倍にも及び、日本を一気に世界6位の海洋大国に押し上げる。

中国は少なくとも公式には「論争を棚上げし共同開発を行なう」準備があると表明しているが、日本は、無人島の尖閣諸島を含む太平洋や東シナ海における自国の主張については、交渉の余地はないと言い続けている。

これまで沖縄では、独特の東シナ海地域のビジョンがたびたび構想されてきた。例としては1990年代の大田昌秀知事による「沖縄国際都市形成基本計画」や、より小規模だが2005年の与那国島の「与那国・自立へのビジョン」がある。

しかし東京の政府はそのような計画を実行するための自治権の拡大を認めず、計画は頓挫した。そして依然沖縄は、東シナ海で軍事衝突が起きたら70年前の運命を再現するものになるとわかっていながら、国策の矛盾の中に置かれたままになっている。そのような悲劇を避けるためには、1879年に剥奪された主権を少なくとも部分的に取り戻し、平和外交や地域共同体構築を独自に行なうことができるようになる必要がある。

「スコットランド」や「カタルーニャ」の道

沖縄は、世界で最も経済活動が盛んな地域の中心地にある。近代以前の中国と約500年にわたる友好関係を維持した後、問題があったとはいえ近代日本に併合されて１３５年がたつ。このような歴史を持つ沖縄は、今後の東アジアの未来像を描くにあたり中心的役割を担えるはずだ。

しかし、いかに必要とはいえ、辺野古基地建設阻止という目標だけでは沖縄の可能性を最大限に発揮できない。新基地建設を阻むだけではなく、流れを変えて最終的には既存の基地を閉鎖させ、県としてのアイデンティティーを「軍事ありき」から「平和ありき」に転換させる必要がある。

日本国が沖縄に対して行なってきた数々の迫害と差別行為に対し、沖縄は当然謝罪を受けるべきである。しかしさらに重要なのは、東シナ海全体を横断する海洋共同体を構築するために沖縄に求められている役割を果たせるよう、特別の自治権獲得に向けての正式な提案ができる場を与えられることだ。これが不可能となると、より多くの沖縄人が「スコットランド」や「カタルーニャ」の道をたどることを選ぶであろう。

（２０１４年11月12日）

◎編者から一言

いまでも毎日トレーニングを欠かさず、マラソン大会にも出場する80歳のガバン・マコーマック。『空虚な楽園―戦後日本の再検討』、『北朝鮮をどう考えるのか―冷戦のトラウマを越えて』、『属国―米国の抱擁とアジアでの孤立』などの数々の著作からは、人を愛し、環境を愛するからこそ、米国に従属する土建国家となっていった日本の戦後を憂う一人のジャパノロジストの姿が浮かび上がる。彼が、かつてナイーブに日本国憲法を賛美していた私に「1〜8条の問題はどうするんですか」と尋ねてこなければ、『アジア太平洋ジャーナル：ジャパンフォーカス』で一緒に沖縄の記事を書いたりしなければ、今の自分も、この本もなかったであろう。海外識者で、ガバンほど沖縄の新聞を毎日読み込んで、年に何度も「沖縄の空気を吸いに」行って、沖縄で行なわれている不正義を世界に訴えてきた人はいないのではないかと思う。ガバンとの共著本 Resistant Islands: Okinawa Confronts Japan and the United States（抵抗する島々：日米と対決する沖縄）第2版が今春 Rowman & Littlefield 社から出た。単著の新刊として The State of the Japanese State（日本国の現状）が Renaissance 社から2018年5月刊行予定。ガバンのペンによる抵抗は続く。

ガバン・マコーマック（Gavan McCormack）

オーストラリア国立大学名誉教授（東アジア現代史）。英文サイト『アジア太平洋ジャーナル：ジャパンフォーカス』エディター。同サイトを中心に沖縄への不当な扱いを世界に発信する。著書はジョン・ダワーとの共著『転換期の日本へ』（2014）、乗松聡子との共著『沖縄の〈怒〉』（2013）、単著『属国』（2008）など多数。

沖縄の総意突きつける

米市民も受け止めよ

コネチカット大学教授
アレクシス・ダデン

沖縄県知事選（２０１４年11月）での翁長雄志氏の圧倒的勝利は、米日同盟の遂行においては地元の意思を中央政府が踏みにじってもいいとの前提を打ち破るものと、多くの人は解釈した。

ワシントンのいわゆる同盟運営者たちは、この地滑り的勝利の持つ重大な意味をつかみとるべきであろう。普天間を返還する代わりに「代替施設」を沖縄県内に造ると日米が合意して18年、県民の大半による新基地建設反対の意思を託された知事候補が初めて当選したのである。

この意味をワシントンがくみ取らなければ、米日関係の根本に亀裂をもたらした歴史的転機として刻印されるであろう。この結果を受けて、さらに何が何でも辺野古の新基地建設を強行したら、反米国の抵抗運動が辺野古を超えて広範囲で広がることになる。

しかし今回、翁長氏は「反米」や「反同盟」という立場とは決定的に異なる立場で知事選

息子ジュリアン君と共に訪れた名護市辺野古の海岸。県民は「新基地建設拒否」の総意を知事選で突き付けた＝2012年7月（アレクシス・ダデン氏提供）

を戦ったように見える。翁長氏は、沖縄県民の「誇り」を前面に出し、とりわけ沖縄の未来に重点を置いた「沖縄主義」ともいえる基盤に立っていたのではないか。

さらに私から見たら、翁長氏は沖縄から「日常の暴力」を減らしていくとの約束で次期知事となるのではないかと思う。私は米国東海岸、ニューヨークとボストンの中間のコネチカット州という遠く離れたところにいるが、沖縄の選挙に共鳴し合うものを感じる。

「暴力拒否」を選択

２０１４年11月４日全米で中間選挙が行なわれ、私の州でダネル・マロイ知事が再選されたのは、まさしく日常生活から暴力を減らし、市民の安全を高めるという約束によるものだった。

この中間選挙は、大統領のそれまで2年間の業績に対する評価と、次の大統領選の予測という意味を持つ。読者もご存じと思うが、ほぼ全ての州と全てのレベルの選挙において共和党候補が大差で勝っていき、バラック・オバマ大統領は打ちのめされる結果となった。しかし例外もあった。私の州であるコネチカット州、そしてコロラド州とワシントン州である。

コネチカット州とコロラド州での選挙、特に知事選の焦点となったのは銃規制問題であった。地理的にも性格的にも異なる2州で、有権者は既得権益と巨額のロビー資金の厚い壁を打ち破った。特に共和党に多額の献金を行なう全米ライフル協会に立ち向かうのは容易ではなかった。これらの州では、来る大統領選における争点化も期待しながら、有権者は「もう子どもたちが銃で殺されるのはたくさんだ！」と宣言したのだ。

特にコネチカット州では、２０１４年12月14日、アダム・ランザという若い男が自宅で母親を殺し、近くの小学校に突入して6～7歳の20人もの子どもと6人の教職員を銃殺した後、自殺した事件の記憶が鮮明に残っている。米国は銃暴力が毎日の生活の一部となっている国だ。サンディ・フック小学校の事件はこの国の学校における銃殺事件の歴史の中では最悪のものとなった。

２０１４年の知事選で有権者は、停滞した経済と地方税増税の影響を銃所持賛成派がもたらす金で相殺できるという誘惑に直面したが、過半数はこのような酷い事故を二度と起こさせないという方向性を選んだ。

米国市民は「責任ある想像力」を

沖縄の場合は、米兵により学童が残酷にも強かんされたり、市街地に軍用機が墜落したりといったことが続き、「日常の暴力」が耐え難いものになったとき、市民が非暴力の抵抗と投票行為でもって「もうたくさんだ。変化を起こすのは今だ！」との行動を起こした。その点において、コネチカットともつながる普遍性を見いだす。

もちろん沖縄はコネチカットとは違う。沖縄における「日常の暴力」の多くは米軍基地に起因するものだ。銃規制問題は米国の国内問題であるのに比べ、沖縄は米国という外国の軍隊と基地を強制的に背負わされ、被害を受けてきた。

沖縄の住民は２０１４年の知事選の結果をもって「安倍首相、あなたの不器用な独裁政治は、あなたの米国の恩人たちに何を約束しようとも、沖縄の指導層の一部を賄賂で釣ろうとも、ここ沖縄ではもう通用しないのです！　いい加減にしなさい！」と言っているのだ。

安倍首相と彼の手下たちはこの知事選で、２０１４年1月の名護市長選の時と似た手口を使い、基地問題と関係のない諸事業に支給する現金をちらつかせた。地元住民たちの民主的な意思表明にもかかわらず、日本政府は辺野古新基地の作業を強行しているが、この知事選によって沖縄の人々は住民の総意というものを突き付けた。これを米国市民も真剣に受け止めるべきだ。

コネチカットの銃問題も沖縄の基地問題も米国の問題だ。米国市民は小学校における集団銃殺のような悲惨な事件を地元で体験し、二度と起こさないように努力すると同時に、外国のどこかの島で、自分たちの名の下に子どもたちへの「日常の暴力」が行なわれている現実に思いをはせることはあるだろうか。

米国市民はこのような「責任ある想像力」を育む必要がある。銃社会と海外での軍事覇権に通底するのは暴力と恐怖を基盤とした米国社会だ。私たち一票一票の力で海外から軍を撤退させ、「日常の暴力」をなくしていかなければならない。

（２０１４年11月25日）

◎編者から一言

アレクシスは私にとってロールモデルとも思える勇敢な学者でありアクティビストだ。彼女がこの記事で強調する「日常の暴力」から人々の、とくに子どもの生活と命を守りたいという、人間として、母親としての当然の想いは、彼女のさまざまな取り組みに通底する問題意識だ。彼女は普通のアメリカ市民に対し、銃乱射事件から子どもを守りたいという気持ちがあるのなら、米軍基地の存在に怯える沖縄の人々の気持ちを想像する力を養ってほしいと訴える。同時に彼女は、日本市民に対し、かつて植民地支配を行なった、朝鮮半島の人々が、強制連行や日本軍「慰安婦」として人権、命、尊厳を蹂躙された気持ちを想像してほしいとも訴えているのである。アレクシスは、ジョーダン・サンド（ジョージタウン大学）とともに、2015年、187人の世界の有識者を集めて、日本軍「慰安婦」の歴史を誠実に学ぶことを促し、歴史否定や矮小化を批判する「日本の歴史家を支持する声明」を出した。韓国では「万海平和大賞」を受賞するなど評価されたが、日本の右翼からは脅迫を受けている。日本の知り合いの活動家に聞いたことだが、あらゆる問題の中でもこの日本軍「慰安婦」問題に取り組んでいる人たち、とくに女性ほど脅迫に晒されることはないという。私たちはこのように真実を語る女性を標的にする「日常の暴力」に対し連帯して立ち向かわなければいけない。

アレクシス・ダデン（Alexis Dudden）

コネチカット大学歴史学教授。北東アジア史について幅広い著作があり、近刊は日本の領土問題を扱う。シカゴ大学のノーマ・フィールド教授の下で学び、沖縄に関心を持つようになり、2002年に立教大学の五十嵐暁郎教授の政治学講座の一環として初めて沖縄を訪問、それ以来ほぼ毎年来沖している。

平和、環境永続の道を

ウチナーンチュの力に希望

海洋生物学者

キャサリン・ミュージック

アオサンゴの群落の間を泳ぐキャサリン・ミュージック氏
＝2014年9月25日、大浦湾（写真家・牧志治さん撮影）

２０１４年９月25日、私は恐れと希望の両方を胸に、ダイビングボートから透き通った青色の辺野古・大浦湾に飛び降りた。幾度も潜ったこの海のサンゴは変わらないでいてくれるだろうか。有毒物質の流出、赤土の堆積、廃棄物、海洋の酸性化、地球温暖化、魚類乱獲といった人間の行為の負の影響により、着実に容赦なく世界中のサンゴ礁が死んでいっている。この海のサンゴや他の生きものも、傷つき死にかけているのだろうか。

ゆっくり降下しながらマスク越しに見たら、私の不安は消え去った。ゆらめく赤いイソバナ、銀色に光るまばゆいばかりのグルクンの群れをはじめ、美しく元気そうなサンゴ礁が数えきれないほどある。私は喜びでいっぱいになった。子どものころの海に戻ったみたい！

カメみたいに泳いでどんどん潜っていったら巨大なハマサンゴの群体に出合う。高さ7メートルを超え、金色に輝くとてつもない群体だ。

傷一つない完璧な姿を感謝の気持ちとともに拝み、心躍らせながら大浦の広大なアオサンゴの群集の間を泳ぎ進んだ。そうしたら少なくとも5000歳には達しているサンゴたちに出合うことができた。

私は安心感に包まれていた。健康なサンゴ礁、魚、カニ、イソギンチャク、ナマコ、二枚貝など、私が見渡した限りでは全てが健全な状態だった。この健全さは奇跡としか思えない。私は至福の気持ちでいた。大浦湾の貴重さと多様さをわからない人などいるのだろうか！ここには何千種もの生き物がいる。

サンゴは420種、魚類は1040種、藻類や海草は403種、ウミウシは120種類、軟体動物は1974種、甲殻類は753種。近隣の山林、河川、マングローブ林、干潟にはさらに多くの種が生息している。まだ科学が類型化していない新種も多い。

天にも昇るような気持ちで青空の下に顔を出したら、なんと私たちのダイビングボートの近くに米軍の船がうろうろしていた。私は再び不安と恐怖の気持ちになった。ボートからは、ボーリング調査が既に始まっている区域を示す赤色の浮標が連なっているのが見えた。この時点でジュゴンは追われてしまっていた。サンゴや海草は自分で動けない。基地建設を阻止しなかったら消滅してしまう。

貴重な大浦湾のサンゴ

サンゴ礁は世界的に危機的状況にある。フロリダキーズ、アラビア海のオマーン沿岸、グレートバリアリーフなどで次々とサンゴが死んでいる。私は海洋生物学者として今までフロリダ、プエルトリコ、ジャマイカ、ベリーズ、バルバドス、メキシコ、ケニア、フィジー、フィリピン、ニューカレドニア、オーストラリア、タヒチ、日本、沖縄でサンゴ礁調査を行なってきた。だからこそ、サンゴ礁の衰退の深刻さは身をもってわかっている。１９８１年から88年まで沖縄に住んでいたとき、奄美大島から与那国島にかけて潜水調査を行ない、その当時既に琉球列島のサンゴ礁の大半は死んだか死につつあるということがわかって衝撃を受けた。

それだけに健康なサンゴ礁生態系が残っている大浦湾は大事なのだ。私が死んで守れるのなら喜んでそうする。それほどに貴重なのだ。現在の米日軍産複合体の計画はその大浦のサンゴ礁を意図的に破壊し全滅に追いやるものであり、断じて許せるものではない。

10トントラック350万台分もの埋め立て土砂は採取地を破壊するだけでなく、大浦湾の生命のもとである海水の流れをせき止めてしまう。単純計算すると、1年間毎日運搬したとして1日9589台分が必要になる。不可能としか思えない数字だ。10年かけても1日950台分だ。粉じんや騒音、二酸化炭素排出も伴う。あり得ない話だ。このような悲劇を起こさないため、私の旧友たちが道路に横になり、逮捕や命の危険もおかして抵抗している映像を見ると心が張り裂けそうになる。

海兵隊基地を保護区に

安倍首相もオバマ大統領も良心というものを忘れてしまったのだろうか。彼らの行動は社会と環境の破壊をもたらす三大要因——人種主義、軍事主義、物質主義を失くすどころか拡大している。2人は以下の事実を直視すべきだ。大浦のサンゴ礁の生態系は日本で唯一無傷で残されているものだ! 沖縄の80%の人々が基地建設に反対している!

2014年11月の県知事選挙では翁長雄志氏、那覇市長選では城間幹子（しろまみきこ）氏と、基地建設に反対する候補が双方地すべり的に勝利した。日本の19もの自然研究機関が大浦湾の生物多様性を守るよう訴えた。秋篠宮夫妻も誕生日の記者会見で反戦への決意を語っていた。この新基地計画はオバマの「中国封じ込め」計画の一環とされているが、２０１４年中国の習近平国家主席も「武力によって発展しようとする国は例外なく失敗するというのが歴史の教訓だ」と言い、紛争の平和的な解決を強調した。

私は恐れだけではなく希望も抱いている。私のウチナーンチュ仲間は不屈だ。その粘り強さ、意識の高さ、政治的手腕に心から敬意を表する。沖縄は民主主義社会として自ら選択できる。たとえば、マリン・ベース（海兵隊基地）をマリン・サンクチュアリ（海洋保護区）に置き換えることは可能だ。軍事主義や消費主義ではなく平和と環境を永続させる道を選択できるのだ。地元の学生もエコツーリズムに仕事を求めることができるように。漁獲量が減っている漁師たちも地元でガイドの仕事ができるように。

共にこの素晴らしい生態系を守りたい。共に絶滅の危機にあるアオサンゴ、ジュゴン、ヤンバルクイナやノグチゲラを守りたい。私たちが魚、海藻、ウミウチワ、二枚貝の代わりに声を上げよう。レイチェル・カーソンは著書『センス・オブ・ワンダー』でこう言っている。「地球の美しさについて深く想うことのできる人たちは力尽きることはないであろう。この世に生命が続く限り」。この言葉を思い出すにつけ、私はウチナーンチュの力に大きな希望を見いだすであろう。

（２０１４年12月８日）

◎編者から一言

本当はキャサリンの記事に解説など不要だ。読者は読みながら、翻訳中の私と同様、キャサリンと一緒に潜って大浦湾の夢のサンゴ礁を旅した気持ちになったのではないだろうか。キャサリンは「水木桂子」という日本名でサンゴの絵本も出している。2014年9月に彼女は大浦湾に潜り、奇跡ではないかと思うほど全てが健全な状態のサンゴ礁を確認した。「日本で唯一無傷で残されている」という言葉を、私は多少大袈裟に書いたのかなと思って彼女に確認したら、「私は、その通りの意味で言ったんですよ！」と強く言われ、叱られたような気持ちになった。そうなのか、そこまで希少である健康なサンゴ礁だったのか——。あれから3年半経った今、辺野古基地建設のための護岸工事で毎日毎日トラック何十台、何百台もの土砂が投入されており、サンゴ礁がどんな影響を受けているのか、考えるだけで居ても立ってもいられない気持ちになる。世界中の海に潜って、加速するサンゴの死を目撃してきたサンゴ学者の「私が死んで守れるのなら喜んでそうする」という言葉に、絶望と希望を同時に見る。

キャサリン・ミュージック（Katherine Muzik）

海洋生物学者としてサンゴ礁研究歴44年。ハワイのウミウチワの研究で博士号取得（マイアミ大学）。現在はハワイ・ビショップ博物館およびカウアイ島にある国立熱帯植物園の研究員。1981〜88年、2007〜11年沖縄県に在住、現在はカウアイ島に在住。日本語著書に『サンゴの森』（草炎社、2007）、共著に『エリセラサンゴ』（朔北社、2000）など。

不動の信念で行動を

「知的誠実さ」が人を守る

「アジア太平洋の平和と非軍事化のためのWG」主宰　ジョセフ・ガーソン

仲井眞弘多前知事が沖縄の人々を裏切って辺野古基地を承認した（２０１３年12月27日）衝撃からもうすぐ1年になる。名護市は基地反対の稲嶺市長を擁し、県議会も反対決議をしており、県知事も表向きは反対していた。それなのに沖縄の人々が再び軍事主義のいけにえとされるのか、と私はただ呆気に取られ、心が痛み、怒りに駆られていた。

１９９５年、少女が米兵に拉致され乱暴されたとき、私は仲間たちと一緒に「激怒と痛恨の声明」を出した。われわれはこの犯罪を取り消すことはできないし、その傷を癒やすこともできないことはわかっていた。また、米軍基地がある限りこのような残忍な犯罪がこれで最後にはならないであろうということもわかっていた。

それでも声明を出したのは二つの目的のためだった。一つは米国で基地反対の世論を作ること、もう一つは被害者とその家族、そして「もうこれ以上許せない！」と立ち上がった沖縄の人々に、われわれの激怒の気持ちと痛恨の思いを伝えたかったからである。何百と集まっ

キャンプ・シュワブのゲート前の座り込みに参加するジョセフ・ガーソン氏（帽子をかぶったサングラスの男性）。手前はピーター・カズニック氏＝2014年8月13日午後、名護市辺野古

た賛同人の名簿を当時の大田昌秀知事に渡したときのことを思い出すと今も恐縮する気持ちになる。

２０１３年のクリスマス直後、仲井眞知事の裏切りについての報道を見て、１９９５年の行動を思い起こした。早速北米や豪州の仲間たちに声を掛け、知事承認は県民の民意に背いたものであることを強調した「世界の識者、文化人、平和運動家による沖縄声明」を起草した。

幸いノーム・チョムスキー、ジョン・ダワー、ノーマ・フィールド各氏ら学者たち、映画監督のオリバー・ストーン氏やマイケル・ムーア氏など多数の著名人が二つ返事で賛同した。この人たちも、米国政府がわれわれ米国人の名の下にする行為が沖縄の人たちを苦しめていることを恥ずかしく思い、怒りを感じているのだ。

2014年1月の名護市長選の最中、この声明を掲載した新聞を集会で稲嶺市長が掲げ「私たちは孤立していない。世界が見ている」と言ったと聞いた時、私は涙を抑えられなかった。自分たちのメッセージが伝わったとわかったからだ。

怒りを表現することも大事だが、それ以上に人と人とのつながりこそが正義への闘いにおける結束を育んでいく。容赦ない8月の直射日光の下、キャンプ・シュワブのゲート前抗議の群集の中に古くからの友人である高里鈴代氏を見つけた時はうれしかった。米軍の性暴力の被害者を支え、米軍基地撤去への運動を献身的に行なってきている人だ。そして2014年4月にわれわれの招きでボストンの会議で講演してもらった吉川秀樹氏が今度は名護で、われわれも発言した辺野古を守るためのシンポジウムを切り盛りしてくれた。

闘う沖縄の基盤岩

8月の訪沖で「中村家住宅」(北中城村〈きたなかぐすくそん〉)を訪問したことが自分に及ぼした影響には驚いている。琉球王国時代の建築様式の流れをくむ、18世紀初期に造られたこの屋敷は、代々住む人を育み、台風の疾風から守り、沖縄戦をも生き延びてきている。ここで私は、沖縄の人々と土地と歴史との深いつながりを教えられた。とても言葉では言い表し難い体験だった。米国と日本の軍事主義や人種主義に抵抗し、自由と尊厳回復のために闘ってきた沖縄の基盤岩とも言えるものがそこにあった。

私は１９４６年ユダヤ人の家庭に生まれた。親戚にはナチスのホロコーストで死んだ人たちがいる。子どもの頃、この体験に基づき両親から受けた三つの教えがある。一つ目は、二度と誰もあのような目に遭わせないこと。二つ目は、「沈黙の罪」に加担しないこと。当時のヨーロッパではほとんどの人が見て見ぬふりをした。三つ目は、権力側の嘘を見破り真実を見極める「知的誠実さ」こそが人の命を守るということだ。このような価値観が私を１９６０年代の公民権運動、ベトナム反戦運動に導いた。私が現在、在外米軍基地に反対することや、沖縄の人々の自由と平和への闘いを支持するのも、その延長線上にある。

脅威にさらされる憲法

現在われわれは、冷戦をほうふつとさせる「新たな対立の時代」に突入している。ロシア国境に迫る北大西洋条約機構の拡大はロシアによるウクライナ介入の引き金となった。米国の「通常」兵器およびハイテク兵器の優越性のためにロシアは核兵器への依存を高めている。

アジア太平洋地域では、米中の競争的相互依存関係が特に南シナ海において制御不能になるリスクを抱えている。２０１４年12月、日本で行なわれた解散総選挙で安倍政権は余裕の勝利を収め、日本の平和憲法にまだ残されている武力行使の制約および地域の安定は根本的な脅威にさらされ続けている。

しかし、この選挙結果に一縷の希望を見いだしてもいる。２０１４年１月の稲嶺名護市長の再選、９月の名護市議選、辺野古新基地に反対する翁長雄志氏の知事選当選は「三振即アウト」のメッセージを日米政府に突き付けたが、その直後の衆院選でダメ押しをするかのように沖縄４選挙区全てにおいて辺野古基地に反対する候補が当選した。

勝利は射程範囲内にあるが、今こそ不動の信念のもとに行動すべき時である。沖縄の人々には、翁長新知事が辺野古基地阻止の公約を固守し、前知事による埋め立て承認を覆すよう圧力をかけることを願う。私たちは知事が決心した際は全力で支援する。

新年を迎えるにあたり、乾杯と誓いの言葉で結びとしたいと思う。沖縄の皆さんの良心に基づく明確なビジョンとコミットメントが最後には勝つことを願って！

（２０１４年12月24日）

◎編者から一言

この記事にあるようにジョセフはユダヤ人の家庭に生まれた。あらためてこの本の著者陣を見渡すと、他にもユダヤ系の人がかなりいることに気づく。その中にはリチャード・フォーク氏のようにパレスチナ人への人権侵害を止めるために活動している人もいる。私の印象では、平和運動家の中には、ホロコーストの記憶と教訓を背負って活動する人は多いと思う。ジョセフが両親から受けた教えの一つ「知的誠実さ」は原文ではintellectual integrity。ジョセフとのやり取りの中で、これは知性を権力に阿るためにではなく、権力の嘘を見破り闘うために使う人格のことと私は理解した。ノーベル平和賞受賞で核兵器に反対する国際NGOであるＩＣＡＮが注目を浴びているが、ＩＣＡＮという組織ができるずっと前から、ジョセフは夏は広島長崎に、３月１日のビキニ環礁水爆実験記念日は「第五福竜丸」被曝を記憶するイベントのために静岡に足を運び、被害者とともに核を失くす運動をしてきた。２０１４年初頭の「海外識者沖縄声明」のとき、年末年始の休日を返上して起草と発信の作業の中心となったのも、ジョセフであった。安全保障問題の専門家として活躍しながらも、ファックスを各媒体に打つといった、裏方の作業さえ心おきなくやってくれる。「誠実さ」を地で行く人と思う。

ジョセフ・ガーソン (Joseph Gerson)

主に米国の学者や運動家で構成される「アジア太平洋の平和と非軍事化のためのワーキンググループ」主宰。政治学・国際安全保障学博士。2014年1月の「世界の識者・文化人・平和運動家沖縄声明」の幹事。著書は『帝国と原爆』(2007)、日本語では共編著『ザ・サン・ネバー・セッツ——世界を覆う米軍基地』(1994) など多数。核軍縮を目指す市民社会を率いる。

共通する「帝国」への抵抗

沖縄、台湾が相互理解を

フランス国立パリ・ディデロ大学准教授　ポール・ジョバン

２０１４年11月末、東京大学の高橋哲哉教授は、著作『犠牲のシステム――福島・沖縄』の中国語版が出版されたのをきっかけに台湾に来た。私はその時台湾にいたこともあり、討論者として高橋氏の講演に招かれた。日本と台湾の公害問題、原発労働者の職業病などを研究してきた私は、高橋氏が定義した「犠牲」のメカニズムに深い意義を見いだしたが、この本で最も強い印象を受けたのは沖縄の部分だった。

私が初めて沖縄へ行ったのは２０１４年9月、辺野古テント村を訪ねた時だった。博士課程在籍時、水俣病の勉強で沖縄大学の宇井純教授にお世話になったが、宇井氏が亡くなる前に沖縄を訪問することはなかった。

高橋氏の本が出た際、当初は福島と沖縄を並べて論じる視点は不思議に思ったが、読めば納得できた。確かに福島と沖縄はそれぞれ東京霞ヶ関の植民地にされている。福島は東京に電力を提供するため犠牲にされ、同様に沖縄は米軍による「安全保障」を日本に提供するた

辺野古のテント村を訪れたポール・ジョバン氏（右）と安次富浩ヘリ基地反対協議会共同代表＝2014年12月29日、名護市辺野古

めに犠牲にされた。

高橋氏は沖縄出身の野村浩也氏（『無意識の植民地主義――日本人の米軍基地と沖縄人』など）の影響を受けた。私は14年末、再び沖縄へ行って那覇のジュンク堂書店に行ったら、植民地主義のテーマを取り上げる文献は多く、『沖縄、脱植民地への胎動』（知念ウシ他著）、『琉球独立論』（松島泰勝著）などが目立つところに並べてあった。

このようなポストコロニアル学は、この数年見られるウチナーンチュのアイデンティティーの復活、14年末の選挙での「オール沖縄」勝利に貢献したかもしれない。台湾でもポストコロニアル研究は盛んだが、沖縄と同じか、あるいは違った過程の結果だろうか。

沖縄の基地と台湾の原発

日本に九つある電力会社のうち、唯一原発を持たないのは沖縄電力だ。代わりに米軍という危険物がある。そして沖縄には原発はないが米軍の核兵器が返還前にはあったし、近年は残存する化学兵器の汚染が次々と明るみに出た。ちなみに米軍基地により生じる性暴力事件や環境汚染等の問題は台湾ではあまり知られていない。

環境社会学者がよく使う「ＮＩＭＢＹ」（Not In My Backyard、自分の庭に要らない）という言葉は、加害施設に逆らう住民運動をばかにするような傾向がある。特に「症状」を付けて「ＮＩＭＢＹ症状」と言った場合は。「ヤマト」から見た沖縄の米軍反対運動を「不合理的」だとか「わがまま」だとかいう。しかし、米軍の負担を沖縄と平等に引き受けることをずっと拒んできたヤマトこそが「ＮＩＭＢＹ症状」という表現にぴったりではないか。

台湾には米軍基地はないが原発は4カ所ある。そのうち3カ所が運転していて、第4原発は最近ようやく完成したが、トラブル続きで運転は先送りされたままだ。

台湾の原発反対運動は根が深い。１９８０年代半ば、国民党の独裁政権に挑戦した民進党と同時期に誕生し、台湾の民主化に貢献した。２０００年代の半ばから弱くなったが、３・11の後によみがえった。台湾原発の原子炉は米国製、第4原発では三菱、日立、東芝も関わって製造された。

それまで米国と日本の技術を世界一だと思っていた台湾の一般市民は、米国の原子炉が日本の管理下でもこのような事故を起こすのなら、台湾での事故の危険性はなおさら高まるだろうとの危機感に駆られた。

2014年の春、台湾の若者たちは国民党政権が急いで中国政権と結ぼうとしたサービス貿易協定に反対して、立法院（国会）を占拠した。そして幅広く台湾社会に支持された社会運動になった。反原発と環境運動からも多くの人が積極的に参加した。環境を守るというのは国を守る、つまり自決権を守ることと緊密につながると見られているからだ。

これは沖縄の美しい環境を守ろうとする基地反対運動（サンゴの海とジュゴンに象徴されるように）、そして自決権を取り戻そうと求める「オール沖縄」路線と似ているかもしれない。

求められる沖縄と台湾の相互理解

台湾はいまだに植民地であり、これからもそうあり続けると思っている人は少なくはない。つまり戦前は日本の支配、その後は国民党の支配を受け、将来は中国共産党の支配を受けるであろうと。それを阻止しようとしたのが2013年の「ひまわり革命」だったのだ。そういう意味で、沖縄人はワシントンと東京が組み立てる「帝国」に抵抗していて、台湾人は北京の共産党と台北の国民党が組んだ「帝国」に抵抗していると言える。

２０１４年11月末の台湾における地方選挙では、国民党と民進党の対立は相変わらず激しかった。２０１３年春の台中サービス貿易協定反対運動は政治的変動を起こして、14年の選挙で初めて出馬した若者たちは北京の共産党と台北の国民党が共通に持つ植民者のイデオロギーに対し、さらに強く反対するようになった。

台湾と沖縄は地理的に近く、それぞれの市民社会が目指すものは帝国主義の植民政策に逆らうという共通の目的を持つが、両者の運動はほとんど連結していないように見える。それはお互いの複雑な歴史と地域の実態を知らないからではないだろうか。沖縄も台湾原発の影響を受けるかもしれないし、台湾も米国や中国との関係において沖縄の基地問題を主体的に考える必要がある。沖縄と台湾が相互理解を深めることが大事だ。そして双方の民が、「帝国」の国家主義を排除し、原発や核、化学兵器も米軍基地もない平和な地域をつくっていける。私もその一端を担っていきたい。

（２０１５年１月13日）

◎編者から一言

ポールは中国語と日本語を駆使し、東アジアの環境問題や労働問題に取り組んできた。ポールはこの2015年初頭の記事で台湾での反原発運動について触れているが、その1年後には民進党の蔡英文総統が誕生し、2025年までに全原発を止めるという法律が可決された。この記事で台湾の民主化運動と環境運動・脱原発運動は直結しているとポールは言うが、沖縄の反米軍基地運動との関係となると微妙な側面がある。私は2017年4月台湾を訪れ、ポールの手配で彼が研究職を務める国立学術機関「アカデミア・シニカ」社会学研究所で沖縄の話をした。そのとき、沖縄と台湾の「自己決定権を求める動き」は簡単には連動できない難しさを感じた。同じ民主主義を求めながらも、台湾では中国共産党の増大する影響力と、長年の国民党による圧政と「白色テロ」の記憶からも、「ひまわり革命」に象徴されるような自己決定権を求める人々は、中国を警戒し、場合によっては地域での米軍の存在を評価するときもあるからだ。しかし人権に敏感な台湾の民主派は、沖縄の状況を話せば、そこで行なわれている人権侵害を決していいとは思わない。ポールがこの記事で言うように、相互の歴史と状況の理解こそが、同じ帝国主義に抗する者としての連帯につながるのではないかと思う。

ポール・ジョバン (Paul Jobin)

フランス国立パリ・ディデロ大学東アジア言語文学部准教授。研究の専門分野は台湾と日本の公害問題と社会運動。水俣病を中心に書いた博士論文は2003年渋沢・クロデル賞受賞。09～13年フランス現代中国研究所台湾支部長を務めた。原発労働者被ばく問題をはじめ数々の論文は『大原社会問題研究所雑誌』などに掲載されている。

史実隠しが軍隊復活に

不正義を闇へ葬るな

翻訳家　マーク・イーリ

私の沖縄への関心は2003年、吉村昭の『殉国――陸軍二等兵比嘉真一』を英訳した時にさかのぼる。吉村の作品はその前にも『破船』と『遠い日の戦争』を訳しており、その飾り気のない文体と歴史を扱う独自の視点に引かれていた。

その後、アリスター・マクロクラン（故人）と共に、沖縄戦における住民の体験についての翻訳本を2冊手掛けた。1冊は『琉球新報』による1983～85年の連載企画「証言　沖縄戦――戦禍を掘る」で、英語では『Descent Into Hell（地獄への降下）』と題した。もう1冊は林博史の『沖縄戦が問うもの』で、これはまだ翻訳中である。3冊連続で沖縄戦の本を英訳した者は自分以外には知らない。

どうしてこれだけ沖縄戦にこだわるのか。まずは、太平洋戦争最後の地上戦という歴史的重要性の割には欧米の近代史の中で沖縄戦が目立たない存在になっているからだ。

戦後を通じて、沖縄戦の前の硫黄島の戦いが欧米諸国では脚光を浴びてきた。1945年

南風原陸軍病院 20 号壕を訪れるマーク・イーリ氏＝ 2013年10月、南風原町喜屋武

半ばの報道は、4月のルーズベルト大統領の死、5月のナチスドイツ降伏、7月初頭のマッカーサーのフィリピン解放宣言などで占められていた。戦争に疲れていた米国は、個々の戦闘での勝利の報せを聞くよりも、戦争自体が終わってほしいと願うようになっていた。

長引いていた沖縄戦では地上戦、海上戦（神風特攻隊による米艦船攻撃）でそれぞれ死者数は増加の一途をたどった。沖縄戦での米軍死者数は硫黄島の倍に上った。戦争神経症を患う兵士の多さ（2万6000人）からも、沖縄戦の報道は読者にとってあまり読みたいと思うものではなかった。

さらに、米陸軍第10軍の司令官バックナー中将の融通の利かない戦略は沖縄戦における死傷者の多さの一因とされ、バックナー自身が戦いの終盤に不用意に前線に出て死んだことからも、報道は控えめになったと考えられる。バックナーの評判を落としたくなかったというのもあるだろう。

そして、二十数万人もの死者を出した沖縄戦が組織的に終了したのが結果的に日本降伏のほんの7週間前であったことから、降伏直前にここまでの死者を出した戦いを行なったという事実が、主流派の歴史家やメディアが沖縄戦を語る上で影を落としている。

それに加え、硫黄島の戦いで5人の海兵隊と1人の海軍衛生兵が摺鉢山に米国旗を掲げるジョー・ローゼンタールによる写真はあまりにも有名だ。太平洋戦争を舞台にした戦後初の大型ハリウッド映画は硫黄島を題材として選んだ。ジョン・ウェインが主演した1949年の『硫黄島の砂』である。こうやって硫黄島は表舞台に立ち、沖縄は日陰の存在となった。

世界に知られるべき沖縄戦

私のような翻訳家の責任は、学識者や活動家たちと協力して沖縄戦の体験を世界に発信していくことによりこの知識のギャップを是正していくことだ。

沖縄戦が世界に知られるべき理由はそれだけではない。沖縄戦に至るまでと戦後の経緯は、少数派民族に対する差別の典型的なケースだ。日本軍に素直に従い力になろうとした沖縄人たちの思いは、司令部の非人道的な戦略と、強制集団死をはじめとする軍隊の残酷性によってことごとく裏切られた。昭和天皇にも見捨てられた。

沖縄戦の日本軍は牛島満司令官や長勇（ちょういさむ）参謀長をはじめ、南京戦など中国戦線に参加した将兵が多くいた。朝鮮人軍夫や日本軍「慰安婦」など、凄惨な悲劇は数えきれない。

そしておびただしい民間人被害を含むこれらの沖縄戦の史実を隠すことが、現在の安倍政権や右翼的勢力が軍隊を誇り高くまた崇拝するような存在として復活させることを可能にしている。危険なことだ。

米軍も民間人が巻き込まれていることを知りながら、戦略を熟慮することよりもありったけの砲弾で無差別攻撃を行なうことを優先させた。これがその後の米軍の思考パターンとして定着するようになる。

アイヌ兵士たちの死も沖縄戦の悲劇

私は毎年、追悼のために南部を訪れるが、第32軍の司令部壕や摩文仁（まぶに）の丘の頂上にある、牛島満と長勇を顕彰する「黎明の塔」など近づくこともできない。私の中では牛島、長、八原博通の3人は極刑に値する戦争犯罪人である。

代わりに私が行くのは「平和の礎(いしじ)」と「魂魄の塔」だ。いつも一人で行くことにしている。「平和の礎」では、私とアリスターが訳した『戦禍を掘る』に出てくる沖縄戦被害者の名前を探し、花を置く。この作品を訳したときのことを思い出しながら。

いつもは沖縄住民の名前を探すのだが、兵士の名前を探すこともある。私が12年住んだ北海道は、日本本土では東京に次ぐ戦死者を出した。アイヌ兵士たちの死も沖縄戦の悲劇の一幕であった。前回の旅では運玉森(うんたまむい)で死んだアイヌの幌内正雄さんの名を見つけた。

このような体験をするたびに涙が流れる。そしてそれが私をまた翻訳へと駆り立てる。私は不正義が気付かれもせず歴史の闇に葬り去られることが許せない。日本は沖縄戦の不正義を内輪の恥として隠すのではなく、未解決の問題として向かい合わなければいけない。むろん米国もだ。

同様に、私は大浦湾に行くたびにその美しさに胸を打たれる。と同時にその海の恵みが沖縄戦直後、北部の収容所にいた住民に生きる糧を与えたことを思い出す。70年たった今、かつて病んで弱りきった人々の命を救った歴史を持つこの海を、基地建設で冒瀆することは許されない。

(2015年2月3日)

◎編者から一言

マーク・イーリの行なってきた仕事の重要さは、日本語で生活している人にはわかりにくいかもしれない。マークがここで言うように沖縄戦は硫黄島の戦いに比べあまり知られておらず、あるとしても英語で書かれている沖縄戦の本の多くが米国、米兵からの見方を書いているものだ――この本にも登場するジョージ・ファイファーの『天王山』は一つの例外であろうが。マークは、沖縄戦に巻き込まれた住民の悲惨な被害体験を「翻訳」という形で直接伝える仕事をしてきている。2016年のメル・ギブソン監督による米軍賛美映画『ハクソー・リッジ』(この映画については『週刊金曜日』2017年8月18日号の乗松による批評を参照)のように沖縄戦を扱っているのに住民被害に全く触れないという事実上の歴史改ざんがなされる中、マークの、「沖縄戦住民体験の翻訳」の重要性はますます高まっていると思う。私は、マークとは2018年1月に一緒に仕事をしたばかりだ。この記事でマークが「戦争犯罪人」と呼ぶ沖縄戦司令官の牛島満、参謀長の長勇が南京大虐殺に直接関与していたという記事を17年末に『琉球新報』に書いたが、それを『アジア太平洋ジャーナル』用に解説つきで英訳してくれたのだ。市民目線で戦争の記憶を綴り続けるマークに敬意を表したい。

マーク・イーリ (Mark Ealey)

ニュージーランド・クライストチャーチ在住の翻訳家。『琉球新報』企画「戦禍を掘る」の英訳を含め、8冊の翻訳歴がある。2009年から毎年秋に県立コザ高校でラグビーを指導。ニュージーランドで沖縄から来る選手が参加する高校レベルのラグビーアカデミーを営む。

「戦果」こだわり上奏無視

天皇決断で自滅的戦闘に

ニューヨーク州立大学名誉教授
ハーバート・P・ビックス

私が初めて沖縄を訪れたのはベトナム戦争初期、1961年に、米海軍第七艦隊の業務隊の一員として「バックナー湾」(中城湾)に寄港したときだった。当時は日本語も知らず、地元の人と交流することもなかった。その後大学院に進み日本史を学ぶにつけ、米国が冷戦において朝鮮半島分断を恒常化させるために取ってきた破滅的な政策と、ペンタゴンが沖縄に課してきた軍事的役割の関係がはっきり見えてくるようになった。

そして今、アジア太平洋戦争終結70年を迎え沖縄を思うとき、昭和の裕仁天皇が総力戦のための動員を極限まで行なったことを思い出さざるを得ない。1945年初頭、帝国海軍の軍艦の多くは海中に沈められ、米軍による空襲も始まっていた。2月に天皇が今後の対策について重臣ら7人の意見を求めたところ、1人の例外を除いては戦争継続を支持した。その1人とは近衛文麿であった。

2月14日は、近衛が天皇に有名な「近衛上奏文」を提示した日から70年となる。

北谷・嘉手納海岸に結集する米艦船群＝1945年4月4日
（大田昌秀編著『写真記録・これが沖縄戦だ』より）

「上奏文」の中で近衛は「敗戦は遺憾ながら最早必至」とし、「一日も速に戦争終結の方途を講ずべき」と進言した。これに対し天皇は「もう一度戦果を挙げてからでないと」と渋り、これが沖縄戦へのプレリュードとなる。

６週間後、降伏の代わりに天皇がこだわった自滅的な戦闘が始まった。太平洋戦の最後の地上戦であった沖縄戦で、皇軍は沖縄住民を人種的に劣る者と見なし、敵に協力する可能性を疑った。実際に住民がスパイ視され、意図的に殺害されたり死を強要されたりした。１９４5年6月26日に事実上終結したこの戦いがもたらした途方もない被害は、現在摩文仁の平和祈念資料館と、敵味方や国籍を問わず沖縄戦の死者を刻銘した「平和の礎」に記憶されている。

しかし私が把握している限り、近衛の警告を無視して下した戦争続行の決断が引き起こしたことについて、天皇が責任を感じていたということを示す文書が発見されたことはない。すでに日本の敗北は明白だったのであり、沖縄戦を戦う必要が本当にあったのかということをわれわれは真剣に問わなければいけない。

沖縄の軍事占領を提案した昭和天皇

天皇の戦争続行決断に加担した軍の指導者たちは、沖縄戦では本土防衛の準備のための時間を稼ぐ必要があると考えていた。天皇自身、早い段階から作戦にも介入し、梅津美治郎（うめづよしじろう）陸軍参謀総長に、沖縄戦の司令官（陸軍32軍を率いる牛島満中将と長勇参謀長）にとことん沖縄を防衛させるよう命じた。

天皇は軍事作戦に頻繁に口を出したが、物事がうまくいかなくなると責任を逃れ配下のせいにした。実際は自らの統治の仕方そのものが戦争を長引かせていたのだ。沖縄戦についてはその敗因を「陸海作戦の不一致にある」とし、「全く馬鹿馬鹿しい戦闘であった」と言っている（終戦翌年に天皇が側近に語った記録「昭和天皇独白録」より）。

47年には米国に対し沖縄の「25年ないし50年あるいはそれ以上」に及ぶ軍事占領を提案している。裕仁天皇は戦後沖縄を訪問しなかった。息子の明仁天皇は沖縄戦の被害について哀悼の意を表明しているし、美智子皇后と共に頻繁に沖縄を訪れているが、父親の戦争責任など、肝要な点は注意深く避けているようだ。

そして裕仁天皇が望んだように沖縄は52年、サンフランシスコ講和条約により日本から切り離され、72年の「復帰」を経ても基地の集中は変わらず、米国の冷戦の道具とされてきた。

米国の帝国主義の起源

米国の現代の帝国主義は、19世紀末に米西戦争を経てフィリピンとカリブ海のプエルトリコとキューバを征服した時点にさかのぼる。米国の指導層は長期支配に向けた政治的法的体系を確立し、二つの世界大戦を経て恒久的な服従を確かなものにした。米国議会も最高裁も条約法をもこれらの目的を達成するための手段とした。この体制の下で日本の指導層は、米国との安保条約関係と国会を利用して沖縄の基地機能を維持してきたのである。

沖縄は現在も事実上日米の植民地だ。プエルトリコとキューバのグアンタナモ湾（悪名高い米国の拷問収容所の所在地）が、スペインによる割譲以来1世紀以上たつのに今も米国の事実上の植民地であり続けているのと同様に。

沖縄の基地は米国の戦争で繰り返し利用され、枯葉剤等の環境汚染を沖縄にもたらした。騒音被害、米軍機墜落ほか、殺人や性暴力などの数々の凶悪犯罪も日本の法律で正当に裁かれずにきている。95年の性犯罪事件の後に沖縄の怒りは爆発し、自分たちの平和的生存権を侵す基地への反対が増大した。

あれから20年たち、日米は沖縄にとっても返還の優先順位が最も高い普天間基地さえ返還できておらず、県民の大多数の反対の中、県内に代替の巨大基地を造ろうとしている。辺野古と大浦湾の基地計画を止めようとする沖縄の人々の運動は世界中に知られるようになった。不正義に苦しみ自己決定の声を否定された人々の闘いは、憲法から軍事面の制約を取り外したい安倍政権と、沖縄をプエルトリコのように恒久支配したい米国への正面きっての挑戦だ。「近衛上奏文」から70年、あの時の天皇の決断以降の沖縄の苦難の歴史を思うにつけ、支配者による偽善と、権力の乱用を批判し続けることが自分の責任であると再認識する。

（２０１５年2月12日）

◎編者から一言

ハーバート・ビックス氏の『HIROHITO and the Making of Modern Japan（ヒロヒトと、近代日本の形成）』は世界の日本研究者の間ではあまりにも有名な本であるが、日本ではあまり知られていないようだ。日本語版『昭和天皇（上・下）』が講談社学術文庫から2005年に出ているがもう増刷はしていない。日本人はナチスによる「ホロコースト」をよく語るが、ヒロヒトに率いられた大日本帝国がアジア太平洋全体でホロコーストを上回るほどの蛮行を行なったことに目を向けようとしない。世界では「ヒロヒト」が「ヒットラー」に並んで知られる第2次世界大戦時のファシズムを象徴する存在だということを知らないのは日本人だけなのではないか。この本を読めばヒロヒトの戦争責任など議論する余地もない。ビックス氏は、「日本の読者へ」のメッセージで、日本敗戦後米日がそれぞれの思惑からヒロヒトの戦争責任を曖昧にするため「大変な努力」を払い、「日本国憲法下に天皇を在位させたこと、以前の政策決定に果たした役割を追及しなかったこと、戦犯裁判の可能性から救ったこと」によって歴史がゆがめられ、「日本の民主主義の発展も制約された」と言う。その結果の一つとして、ヒロヒトが違憲的影響力を及ぼすことによって沖縄を米国の軍事植民地として差し出し、今にいたる。明治政府が創作した天皇神話は戦後まで引き継がれ、大日本帝国へ時計の針を戻そうとしている政権が憲法と民主主義破壊の道具として使用し続けている。ビックス氏が本記事で示唆するように、それを背後で操るのが米国の帝国主義である。

ハーバート・P・ビックス（Herbert.P.Bix）

ニューヨーク州立大学ビンガムトン名誉教授。1938年米国マサチューセッツ州生まれ。ハーバード大学で歴史学と東洋言語学専攻で博士号取得。40年にわたり日本近現代史について著述活動を行なう。2000年著『HIROHITO and the Making of Modern Japan』（日本語版は『昭和天皇』上下巻、講談社学術文庫）は01年にピューリッツァー賞を受賞した。

沖縄と朝鮮、つながる闘い

人権抑圧に戦争利用

著述業、平和運動家　クリスティーン・アン

２０１４年12月、辺野古の海岸を歩きながら、この地での基地建設反対の闘いと、韓国済州島の海軍基地建設反対運動との相似性を考えた。どちらも、人々は持てる全てを注ぎ込んできた——日々の暮らし、貯金、家族との関係、身の安全、時には自由さえも。

地域社会を軍事化から守り、あらゆる生命体が依存している貴重な生態系を守るためだ。どちらの地も、中央政府に軽んじられてきた歴史を持つが、沖縄人も済州島住民も、自国政府と、世界最強の軍隊を持つ米国に対して挑戦してきた。

私が２０１４年沖縄に行ったのは、翁長雄志氏が新基地反対の立場で知事選に勝った直後であったが、その時思った。済州島住民は、どうして基地建設を招いた非民主的な過程に立ち挑む指導者を選ぶことができなかったのか。

一つの大きな違いは、沖縄の場合、基地の主体は明らかに外国勢力であり、特に女性や子どもへの性暴力という凶悪犯罪の歴史を抱える海兵隊の基地であることだ。済州島の場合は、

米軍が新基地を使うという証拠はそろっているが、公式には自国防衛のためとされている。

さらに深く考えると、双方の島の抵抗運動の接点は未解決の朝鮮戦争にある。この戦争は７０００万人の国民をいまだに戦争状態下に置いたままだ。１９４５年、日本の敗戦後、米国は35年間日本の植民支配下にあった朝鮮半島に上陸した。解放と主権回復を待ち望んでいた朝鮮の人々の合意もなく、米国とソ連は半島を38度線で分断した。

この分断は一時的なものであるはずだったが、別々の国家が形成され、１９５０年から53年の朝鮮戦争を招いた。この戦争は４００万にも及ぶとされる死者（主に朝鮮の民間人）を生んだ後、53年7月27日に北朝鮮、中国両軍と国連軍を代表する米国による休戦協定が結ばれた。３カ月以内には平和条約に調印するとの約束があったが、62年たった今もわれわれは待たされたままだ。

娘の Jeju ちゃんを抱くクリスティーン・アン氏。「ピースウオーク」の許可をもらうためピョンヤンを訪れた＝ 2014年3月

紛争解決のために女性の力を結集

朝鮮戦争が未解決であることにより、南北の政府と日本、中国、米国といった地域の勢力が、ミサイル防衛から核兵器開発まで巨額な軍事投資をしてきた。それに伴い社会福祉、教育、育児支援といった分野への投資不足が恒常化している。沖縄でも新基地を容認させるために北朝鮮の脅威が利用されてきたと、平和運動家の高里鈴代氏は私に語った。

また、南北両政府は、未解決の朝鮮戦争を国家安全保障の名目で人権抑圧に利用している。北朝鮮のそれは周知の通りだが、あまり知られていないのは、韓国政府が体制に抵抗する人、特に北朝鮮に同情的だったり関与したりする人を訴追するために時代遅れの国家保安法（1948年施行）を用いていることだ。

国連人権委員会などが韓国に対し、この曖昧な冷戦時の法律を撤廃するよう勧告している。2015年1月には、コリア系米国人で54歳の主婦シン・ウンミ氏が北朝鮮への旅行記で、当地の人々がいかに心優しく、朝鮮統一を望んでいるかということを書いただけで韓国政府は国家保安法を用いて国外退去させ、5年間の入国禁止処分にしている。

しかし、朝鮮半島の分断がもたらした一番の悲劇は、幅約4キロメートル非武装中立地帯（DMZ）を挟んで何百万もの家族が離れ離れのままであることであろう。2014年4月、韓国の朴槿恵大統領はドイツのドレスデンで朝鮮統一について演説し、「2013年だけで3800人余りの人が、せめてもう一度わが子の手を握ることさえできれば、せめて生きていることだけでもわかればと願いながら亡くなりました」と語った。

このような戦争状態を終わらせ離散家族が再び一緒になれるよう、2015年5月24日、女性平和活動家30人が南北朝鮮の女性たちと「2015朝鮮半島の平和のための女性ウオーク」を行なう。ピョンヤンとソウルで国際平和シンポジウムを開催し、南北朝鮮の女性たちの経験に耳を傾け、戦争終結のためにどうやって女性の力を結集していくか話し合う。私たちの望みは、平和を象徴する行動として非武装中立地帯を歩いて渡ることだ。

ノーベル平和賞受賞者も参加

平和が達成可能なものであり、それは女性の地位向上と表裏一体であることは歴史が示してきた通りである。このウオークに参加するマイレード・マグワイア氏やレイマ・ボウィ氏はそれぞれ北アイルランド、リベリアの紛争解決に具体的な役割を果たし、ノーベル平和賞を受賞した。これらのケースのように、われわれの非武装中立地帯を歩く試みにより、朝鮮半島の緊張を緩和し、平和と和解は実際に可能なのであるという気持ちを新たにすることができる。

私が朝鮮半島の問題に関与し始めたのは1990年代、北朝鮮の食糧危機を知ったときだ。北朝鮮問題を学べば学ぶほど、全ては未解決の朝鮮戦争に起因していることがわかった。私は米国に住むコリア系米国人として、朝鮮半島を分断し固定化した米国政府の過ちを米国国民に教えていく責任があると思った。

朝鮮半島の紛争を解決することは、その地の人々に癒やしと平和をもたらすだけではなく、北東アジアにまん延する軍拡競争を和らげる役割を果たすだろう。世界軍事予算のトップ10のうち5カ国——米国、中国、ロシア、日本、韓国——がこの地域で軍事展開していることを考えるとその影響力は絶大である。

沖縄の人々が主権回復を求めているのと同様、朝鮮半島の人々も他国の干渉を受けずに自己決定できるようになる将来を切望している。覚えていてほしいことは、われわれの闘いは全てつながっており、沖縄の人々が基地なき平和な沖縄をたゆまず希求するとき、希望の光が地域全体、そして世界に照らされるということだ。よりよい未来の実現のために闘おう。

（2015年3月2日）

◎編者から一言

この記事でクリスティーンが紹介している「ウィメン・クロス・DMZ（非武装中立地帯を渡る女性たち）」の企画は実現した。2015年、朝鮮半島が南北に分断されて70年経った年の5月、ノーベル平和賞受賞者を含む30人の世界の女性活動家たちは、朝鮮戦争終結と離散家族の再会を求めて2マイルにおよぶ非武装中立地帯を渡ったのだ（この本に出てくるアン・ライト氏もその一人である）。そして今もこの象徴的行為の目的を果たすための努力は続いている。朝鮮戦争休戦協定に違反して韓国に軍隊を置き続け、核と事実上の戦争行為である共同軍事演習によって朝鮮（および中国・ロシア）に威嚇を続ける超大国米国と、核・ミサイル開発によって存続のための必死の抵抗を続ける弱小国・朝鮮民主主義人民共和国。2018年1月、私の住むバンクーバーで行なわれた米加主催の外相会議に合わせ、クリスティーンら女性活動家16人が当地に駆け付けた。朝鮮戦争の国連軍側だけを集め、とても対話の場とは呼べない会合が開かれた国際会議場前で、参加国派遣団の到着を待ち構え、「圧力は外交ではない！」「平和条約締結への対話の開始を今！」と訴えた。日本では右から左まで、メディアにおける「北朝鮮」の悪魔化は凄まじく、「西側諸国」の中でも群を抜いている。朝鮮を植民地支配した日本にも責任がある半島の分断を、平和的に解決するには日本の人々の脱洗脳がまず求められている。

クリスティーン・アン（Christine Ahn）

ハワイ在住の著述家、平和運動家。2015年5月の北緯38度線を渡る行動を率いる「女性たちが非軍事化する地帯」（womencrossdmz.org）代表。コリア政策研究所および「朝鮮戦争終結のための全米キャンペーン」共同代表。『ニューヨーク・タイムズ』『ネイション』など主要メディアに執筆。娘は済州島にちなみＪｅｊｕと名付けた。

安全保障損ねる「贈り物」

在外米軍が戦争誘発

ブラウン大学教授　キャサリン・ルッツ

沖縄では、自己決定権と自らの土地と安全を守るための闘いが永遠に続くかのごとくであるが、米国市民はどうかと言えば、そのほとんどが気づいてもいない心地よさの中にいる。大半の米国人は米軍基地が沖縄のかなりの部分を占拠していることはおろか、自国が世界中に何百もの基地（公式には686であるが、実際はもっと多い）を持つことなど夢にも思わないのである。

在外基地の膨大な規模についても、近辺に住む人たちに与えている影響についても知らされていないし、アフガニスタンやイラクにおける米軍の影響についてでさえ無知である。米国人が仮に沖縄、グアム、韓国などの海外の米軍基地網について学んだとしても大抵の場合二つの思い込みが伴う。

一つ目として、沖縄や他の地域に米国が基地を造るのは善意に基づくものであり、その基地を「ホスト」する国への「安全という贈り物」だと思っていることだ。この二つの言葉から察することができるのは、米国が裕福で行儀がよく、贈り物を持参する客人という理解である。そしてこの「贈り物」は何かというと、隣国による侵略に対する抑止力と、他国による攻撃の際の安全であると思っている。

沖縄国際大学に墜落したCH 53 D型輸送ヘリ。イラクに派遣予定だった＝2004年8月13日

二つ目は、米軍施設を受け入れる国はこれらの「贈り物」をただで受け取っており、実際米国が国の安全保障の費用を払っているという思い込みだ。人によってはこれが、他国が自前で行なうべき安全保障の仕事に自分たちの税金が使われているという反感の原因にもなっている。

米国人の在外基地に対する思い込み

これらの思い込みは双方とも精査に堪え得るものではない。最初の思い込みについては、米国が世界に基地展開するのにはいくつかの理由があるが、ペンタゴンにおける戦略的理由は、米軍基地が海外に戦力投射することによる米国の国益追求である。

ここでいう米国の国益とはアジアにおける地域の安定を指す。米国の商業的消費的利益のためにシーレーンを確保し、米国の覇権に挑戦する国々を抑えつけることだ。同時に、米軍構成員の多くは、自分たちの仕事が人道的なもので、巡回中の世界警察官として他国民および自国民をも守っていると思っている。

これとは対照的に、米軍は宣戦布告された戦争時以外は自国の土地のみを拠点とするべきという、主流とはいえないが説得力を持つ議論もある。公共交通機関や教育といった分野への予算が極限まで圧迫されていることを踏まえ、軍事予算を現在の７８７０億ドルレベルから劇的に削減すべきだとの主張もある。また、海外での米軍のプレゼンスは挑発的であり、攻撃からの防御よりも米国を戦争に引きずり込む可能性が高まるから縮小すべきだとの声もある。

そういった懸念の声は、米国が強力な敵との戦争になったら米軍基地周辺の地域が破壊されるであろうと指摘する。沖縄ではこのような可能性に対する危機感は高い。冷戦のときグアムについて出回ったブラックユーモア、「誰もグアムがどこにあるかなど知らない……モスクワの核兵器標的担当者以外は」のようなものだ。沖縄についても同じことが言える。米国人は沖縄がどこにあるかも知らない……しかしロシア、中国、北朝鮮の当局者はもちろん知っている。

二番目の思い込み、つまり海外駐留のコストについてだが、米国の一般市民が理解すべきなのは、米軍に基地を提供している他国政府の多くはさまざまな補助金や特典を米国に提供しているということだ。その最たる例が日本であろう。

しかし、海外駐留にともなう代償(コスト)は金銭的なものだけではない。その地における主権の喪失、軍用機墜落事故、性暴力、土地と日常生活の喪失、騒音、汚染物質、さらなる米軍施設の建設など広範に及ぶ。米国市民が知らなければいけないのはこのような基地被害に加え、沖縄の人々が何百万時間も抵抗運動に費やすことを余儀なくされてきたことだ。

東京の問題でありワシントンの問題

「沖縄問題」とはすなわち東京の問題であるが、それにも増して、ワシントンの問題である。沖縄の土地と、生活の安心を守っていくには、われわれ米国市民が沖縄と日本に対する「安全の贈り物」について考えを改め、自国の基地が人間の安全保障と戦略的安全保障両方を損なうものだということを理解すべきである。

米国の大衆は13年半にも及ぶ戦争がもたらした人的経済的代償を受けて、自国軍隊を呼び戻す準備ができていると思う人もいるかもしれない。美しい辺野古に進出したり、グアムの新地域、アフリカや中東の新たな地域に拡大したりはせずに。しかし、実際のところ、米国の大衆は自国のイラク侵攻の正当性をたたえる映画『アメリカン・スナイパー』に記録破りの興行成績を与えている。

根本的な問題は米軍という巨大組織とその介入主義政策が生み出す莫大な利益にある。目いっぱい拡大した海外米軍基地から利潤を得てきた兵器メーカーやゼネコン等軍産企業体が国防政策を支配し、立法府に影響を及ぼし続けてきた。しかし米国人の多くは政治家階層の勇気の欠如と腐敗に不満を抱いており、より小さな政府を求める者も多い。在外米軍が税金の浪費であり戦争の防止どころか誘発につながるということを米国人に納得させられるかもしれない。

私は、沖縄への不正義と、人々が強いられてきた犠牲をもっと知らしめることで米国の巨大軍事体系に亀裂を生じさせる一助となり、集団的人間の安全保障に向けて、より平和的な道筋を築くことができると信じている。世界中の米軍基地に対する人々の闘いをつづった本『The Bases of Empire（帝国の基地群）』（ニューヨーク大学出版、2009年）を出したのもそのような信念からだ。

（2015年3月15日）

◎編者から一言

米国は全世界約80カ国に800カ所かそれ以上の基地を置き、170カ国以上の国に軍関係者を派遣している「基地帝国」だ。ルッツ氏らがアフガニスタン戦争開始から10年経った2011年に立ち上げた「Costs of War（戦争のコスト）」プロジェクト（http://watson.brown.edu/costsofwar/）の計算では、01年の9・11事件を口実に米国が開始した戦争——アフガニスタン、イラク、パキスタンとの戦争に米国の納税者が費やす予算（予定も含め）は約5・6兆ドル（米国年間国家予算の約2倍）、これらの戦争が原因の死者数は120万人（直接要因40万、間接要因80万）、生み出した難民の数は1000万人以上であると推定されている。戦争はこのような人的、経済的コストだけではなく、監視や拷問、女性への暴力といった人権侵害、治安の悪化や政治的な混乱、環境破壊といったさまざまな社会的、政治的コストを戦争期間だけではなく長きにわたって生み出す。これに加え戦争の相手国、戦場とされた国、沖縄など米軍基地が置かれている地域への被害は計算しようもないだろう。日本政府が推し進める、米国との軍事的一体化ということは、この国が世界中で行なっている大量破壊行為に加わるということなのである。政治家やメディアがいとも簡単に口にする「日米同盟」という概念は恐ろしいものだ。

キャサリン・ルッツ（Catherine Lutz）

ブラウン大学人類学教授。平和維持活動とジェンダー、反基地社会運動などのテーマで著書、論文多数。近著に『The Bases of Empire（帝国の基地群）』。現在、イラク・アフガン戦争の代償を学際的に検証するプロジェクト（www.costsofwar.org）を率いている。

少しの間違いが核戦争を引き起こす

ダニエル・エルズバーグ　インタビュー

まとめ　乗松聡子

朝鮮半島で核戦争勃発の危機が高まったことは記憶に新しいが、そもそも米国の核戦略をどう捉えるべきか。元国防総省・国務省職員のダニエル・エルズバーグ氏に2回にわたるインタビューを行ない、沖縄をはじめとする在日米軍基地と核問題を考える。

「沖縄の嘉手納空軍基地では、待機中の一人乗りF100戦闘機の下に核兵器が吊り下げられているのを見た。命令後10分で離陸する準備態勢であった。あるとき私は、搭載される前のそれら核兵器のうちの一つに手を置いてみた。その日は肌寒い日だったが、その兵器の滑らかな金属の表面が内部の放射能のせいで温かくなっていた——人肌のような温かさだった」

1971年6月、検察に出頭した際のエルズバーグ氏。（提供／AP・AFLO）

――ダニエル・エルズバーグ『The Doomsday Machine』（2017）（1959年末、調査で嘉手納基地を訪れたときの体験、139ページ）

ベトナム戦争の政府意思決定の機密を複写し1971年『ニューヨーク・タイムズ』を皮切りに計19紙で発表した内部告発文書『ペンタゴン・ペーパーズ』で知られるダニエル・エルズバーグ（注釈1）が新著『The Doomsday Machine - Confessions of a Nuclear War Planner(人類を破滅させる凶器―核戦争計画者の告白)』（注釈2）を2017年末に出した。全訳は岩波書店から『世界滅亡マシン』というタイトル（仮）で刊行予定である。ランド研究所の研究員として米国のトップシークレットにアクセスを許されたダニエルによる冷戦期の核戦争計画の「告白」である。ダニエルと妻のパトリシアとは２００８年に知り合って以来交流してきたが、彼にとっては『ペンタゴン』のときと同様の切実な使命感をもってこの本に取り組んでいることは伝わってきた。86歳のダニエルは体調不良を抱えながらも、この本を書き上げたことで大きな肩の荷が下りている様子だった。

遡る２０１６年10月、「核時代平和財団」の会議がカリフォルニアのサンタ・バーバラ市で開催されたのに合わせて現地でダニエルにインタビューした（本項後半に再録:『週刊金曜日』２０１６年11月25日号）。そのとき「自分の人生を、核戦争を起こさないという目的に捧げてきた」と語ったダニエルの信念が、新著では具体性をもって綴られる。17年9月にＮＨＫが放映して話題になった『沖縄と核』が、ダニエルが調査員として沖縄に赴き、米国の核戦争計画に関わる一員であった時代の沖縄での核配備を扱うものだったこともあり、11月、新著が書店に並ぶ直前にダニエルをサンフランシスコ郊外の自宅に訪ねた。ここではそのとき聞いた話も交えながら、新著の中で日本や沖縄に関連する部分を抽出して紹介する。

嵐で紛失した核戦争計画文書

ダニエルは新著の冒頭で、「ペンタゴン・ペーパーズ」公表当時、「他にどんな書類をコピーしたのですか」ときかれることを注意深く避けていた、と書いている。彼がコピーした計15000余りの文書は大きく二つのテーマに分けることができて、一つはベトナム戦争、もう一つは核戦争計画であった。ダニエルは1950年代末から60年代にかけて「超大国間の核戦争によるハルマゲドンを抑止し回避するために」、ランド研究所の研究員として米国の安全保障体制のトップレベルに助言するコンサルタントの役割を担っていたのである。当時は、進行中の戦争にメディアと世論の注意を向けさせたかったので、ベトナム戦争についての7000の文書のみを公表した。核戦争についての機密書類はその後と思っていた。ダニエルは当局から12の重罪の容疑をかけられ合計115年の懲役刑を受ける可能性があり、未公表のトップシークレット書類は当局の追っ手から逃れさせるために兄のハリーに預けていた。ハリーは、家の裏庭の堆肥置き場とか市のごみ置き場の一角に穴を掘って埋めたりとかしていたのだがある日、ハリケーン級の嵐が来て紛失してしまった。

「ペンタゴン・ペーパーズ」については当時のニクソン大統領がダニエルについて不法調査をしていたことなどが結局大統領自身の弾劾につながり、ダニエルへの起訴は取り下げられたのだが、彼はもしこの核戦争の書類が公表に至っていたら、今度こそは終身刑から逃れられないと思っていた。その書類を嵐で失くしてしまったのは大変なショックではあったが、「おかげでその後40年間刑務所ではなく妻の愛情に包まれて寝ることができた」（9ページ）と書いている。

あれから40年以上経ち、ダニエルが当時コピーした核戦争関係の文書もかなりは機密解除され、情報公開法に基づき請求し開示された文書も多々ある。それらと、ランド研究所時代のファイル、長年集めた書類やノート、メモを使ってこの本をまとめた。序章では、「もし自分が２０１７年の時点で大統領の安全保障補佐官だったとしたら、１９６１年にケネディ大統領の補佐官マクジョージ・バンディに対して報告したこととほぼ同じ内容のことを伝えるだろう」という。それはそのままこの本の部分的要約にもなるのだが、大統領が聞く耳を持つのなら以下のような報告をするとダニエルは述べる（以下12ページ〜17ページから主な点を抜粋・要約）。

※何千もの核兵器がロシアの指揮統制を含む軍事標的に向かって即応警戒態勢の状態にあり、この状態は60年前から変わらない。これはロシアの核先制攻撃を抑止するという名目になっているが意図的な嘘である。米国の核兵器配備は「米国の先制攻撃に対するロシアの報復攻撃による米国の損害をどれだけ制限するか」という目的で設定されている。

※２０１６年の大統領選中、ドナルド・トランプ候補は外交政策顧問に「核兵器を持っているのならどうして使ってはいけないのだ」ときいた。それに自分が答えるとしたら「使っています」である。「広島・長崎以来核兵器を使っていない」などというのは誤りで、米国は国民に秘密で（しかし敵対国には秘密

である。

ではなく)、こめかみに銃をつきつけるような形で使ってきているのだ。核兵器を持つ主要な理由の一つ

※大統領選中、「オバマ大統領は先制不使用を考えたことがあるとされていますが現在の政策を支持しますか」ときかれ、トランプ候補は「核兵器はなくしたいし先制攻撃もしたくない。核戦争になったら終わりだ。しかし同時に備えが必要だし、どんな可能性も排除することはできない」と言った。クリントン候補はトランプと同様の回答を避け、「米国の同盟国に対する条約を尊重します」と言ったことで事実上同じ答えをした。米国と同盟国間の条約に米国の核先制攻撃を排除するものなどないからだ。ちなみにクリントンは2008年オバマ上院議員と民主党代表を争っていたとき、オバマが「パキスタンに核先制攻撃をすることはない」と言ったのをきき、「大統領たるものはどの兵器を使うとか使わないとか言うべきではない」と批判した。

※米国が先制不使用を絶対約束しないことが核不拡散を不可能にしている。冷戦が終わって四半世紀経っても何千もの核兵器を有している有様は、世界のどこの国に「核兵器は必要でない」と言っても何の説得力も持たない。

※米国が意図的に承認された核兵器攻撃を戦略的に行なうきっかけは一般に思われているよりもはるかに多く想定されている。さらに、核兵器を発射する権限は大統領、軍の最高指導層を超えて幅広く与えられている。50年代末の指揮統制研究中にわかったことは、アイゼンハワー大統領が核兵器発射の権限を地域司令官たちにいろいろなシナリオを想定して与えていることであった。ワシントンとの交信が断絶されたとか(太平洋では日常茶飯事だ)、大統領が行動不能になったときとか(アイゼンハワーのときは2回も起こっている)。驚くことに、これを自分がケネディ大統領に報告した後でさえ大統領はその方針を続行した。その後の大統領も。このような核のボタンの権限拡大はロシアでも同様であり、米ロ両方でトップシークレットとされてきた。この秘密の権限移譲は他の核兵器保有国でも事実上同様に違い

ないということは予想がつくのであり、今世界がもっとも危機感を持つべきものなのだ。２０１６年から17年にかけて米国が北朝鮮の指導部排除を検討しているという報道が何度も流れているが、北朝鮮ではロシアの「デッド・ハンド（死の手）」戦略と同様、米国の先制核攻撃に対し、残った核ミサイルで報復を確実にする体制を整えているであろう。

※誤認警報、事故、許可なしの発射などのリスクは一般的に考えられているよりもずっと大きい。ちょっとした間違いで世界が終わってしまう可能性が常にあるのだ。

※１９６１年の時点で内部情報として得たのは、統合参謀本部の予測では、全面核戦争が起きたら地球の人口の３分の１ほどが危険にさらされるということだった。また、その時点では統合参謀も、大統領も、大統領に助言する科学者も誰も知らずにその20年以上経った１９８３年に明らかになったことは、「核の冬」・「核の飢饉」現象である。そのころわれわれが準備していた本格的な核戦争は、結果的に地球上のほとんどの命を奪うであろうという予測だ。

現場の人間が間違って核兵器を使ってしまう可能性

２０１７年９月10日に放映されたＮＨＫ番組『沖縄と核』は、冷戦時ピークの１９６７年には沖縄に１３００発もの核兵器が配備されていたという事実をビジュアルに伝え、全国にショックを与えた。そこでは、１９５９年６月19日、広島と同威力（20キロトン）の核弾頭が配備されたナイキ・ハーキュリーズ地対空ミサイルの米軍那覇空港での誤射事故があった。一人の兵士が発射に備える訓練の際操作を誤り、突然ブースターが点火、水平に発射し海に突っ込んだという事故が報じられ、沖縄に衝撃が走った。番組で証言した、当時現場にいた元陸軍整備兵ロバート・レプキー氏を『琉球新報』が追加取材したときの記事（10月26日）によると、事故の直前には部隊に「戦争」を意味する緊急事態の指令が流れ、「誤射の後も、高性能爆薬を付けたもう1基を発射させようとしていたことが新たにわかった」という。このもう一基のほうは準備途中で指令が解除になった。事故では兵士一人が即死、もう一人が一週間後に死亡している。米軍は一切を公表せず、ミサイルも極秘に回収され、レプキー氏は国防総省やＣＩＡなどの事故調査団から聴取を受けたが、事故は機密扱いとなり、口外を禁じられたという。

長崎に原爆が投下された直後に発生した、キノコ雲。（1945年8月9日。提供／AP・AFLO）

ダニエルに、１９６７年時沖縄に１３００の核兵器が配備されていたことについてどう思うかと聞いたら、「何も驚きではない。１９６７年は米国核兵器保有のピーク時であり、戦術核兵器を含め３７０００もの核兵器があったのだから！」と言っていた。

ダニエルが指揮統制（Command and Control）調査で嘉手納基地に行ったのは

１９５９年の11月か12月だったと記憶しているという。だとすればこの核ミサイル誤射事件の半年後であった。ダニエルにこの事故のことを知っていたかと聞いたら「いや、聞いたことはない。そのときも聞いていないしその後も聞いていない」とのことだった。誤射事件の前に緊急事態の指令が流れ、誤射事件後もう一基を発射させようとしていたという事件は、指揮統制がうまく機能していなかった重要な例ではないのか。それを半年後に調査に行ったダニエルに知らされなかったというのである。

ダニエルは新著の第二章「指揮統制」で、１９５９年秋にハワイ・オアフ島の太平洋軍最高司令官（ＣＩＮＣＰＡＣ）本部にランド研究所から出向し、米海軍海事技術本部（ＯＮＲ）の調査チームに参加、核兵器を使用することになった場合に「最高指揮官からの命令が太平洋の各戦域に信頼性の高いタイムリーな形で伝達することを確証する」ための調査を行なったときの詳細を記している。ダニエルの個人的課題はその命題を裏返し「認可されていない行動の可能性を減らす」ための調査であった。要するにトップからの命令がなしで、または伝わらず、または間違って伝わって、使用決定権限のない現場の人間が間違って核兵器を使ってしまう可能性をどうやって減らすかという調査であった。以下第二章の関連部分を要約する。

ダニエルたち調査チームが訪問した嘉手納基地では警報即発射（LOW: launch on warning）

を毎日訓練していた。出動態勢は10分で整えることができたが、その後が問題だった。実際に出動し集結空域に到達した後、それ以上進めという命令がない場合は基地に戻るという訓練をしているのかというと、していないようだった。これらの待機中戦術戦闘機は、一人乗りの、マーク28型水爆が外側に装着されたＦ１００戦闘機であったが、核事故を防ぐために実際に離陸することはないというのである。この水爆は本来機内に装着するものだが、Ｆ１００の内部では場所が足りないからということで外側に装着していた。

現場で実行命令があって発動したあとに敵側からの攻撃があって命令体系が曖昧になったときには、たとえば信号が途絶えたときは基地に戻るという「フェイル・セーフ」システムが敷かれていることが望ましいが、それがどれだけ実際に機能するのか。現場ではそのようなシナリオを踏まえて演習を行なっているのかということがダニエルの関心であったが、嘉手納基地を含む太平洋各地の基地の参謀将校たちに聞いてみても「誰からも安心できるような返答を得ることができなかった」と記している。

権限のない人間の決定で核戦争に突入してしまう

ダニエルは指令体系のもっと低いレベルを調べてみようと、韓国の群山（クンサン）基地に行ってみた。

群山は待機中の核搭載戦闘機がある基地の中でも最も共産圏に接近している場所であった。そこの指揮官は空軍少佐で、12機のF100を指揮下に置いていた。各機はマーク28型水爆が吊り下げる形で装着されており、一つひとつが1・1メガトンの威力を持つ。これは米国が第2次世界大戦で欧州と太平洋で落としたすべての爆弾（200万トン）を合わせたその半分に相当する。米国が第2次世界大戦で使ったすべての爆弾の6・5倍にあたる火力を持つ水爆が、山奥にあるこの基地の空軍少佐一人の管理下にあった。

実際この少佐には、東京の本部からの（おそらく烏山（オサン）基地経由での）命令なしにこれらの核兵器を使用する権限はなかった。少佐はそれを承知していたが、ダニエルに「この基地の司令官は自分だ。司令官というのは自分の配下の部隊を守る固有の権利がある。これは古来からの戦争の鉄則だ。自分の部隊が危険な状況にあると判断すれば、出動させられるのだ」と言った。ダニエルが本部から派遣されている調査員だと知っていてこの指揮官は敢えて挑戦的なことを彼に言ったのだ。紛争時に交信が途絶えたらそれがきっかけで出動につながるであろうと彼は答えたが、ダニエルは太平洋各地で同様の答えを得ており、驚きではなかったと書いている。実際に群山基地では天候の影響で毎日のように東京からの交信が途絶えていた。

しかしこの指揮官への聞き取りでダニエルが一番恐怖を抱いたのは、実際に単独で部下を出動させたあとのシナリオであった。機体各機は集結空域で旋回しながら指令を待つ。これが戦域全体での出動だったら強力な通信機器を持つ基地から来た他機から情報を受け取れるが、単独の場合はどうなるのだ。実行命令が下されなかったら？　指揮官の答えは「帰ってくると思いますよ。ほとんどは」であった。ダニエルは内心驚きながらも続けてきく。「もし最初の5機のパイロットが出動した後に振り向いて、6機目が滑走中の事故で核兵器が爆発してしまいキノコ雲が上がっていたら、どうするでしょうか。それが事故なのか敵の攻撃なのかわからない場合は」と。指揮官の答えは「ここは沖縄とは違うので——沖縄だったら家族連れで駐留しているから、そうなったらもう家族はやられている。生きる意味もなくなるのでそのまま核攻撃に向かうだろう。群山の場合なら、攻撃命令がなければ別の基地を探して帰還するだろう」と。

決定理論の専門家であるダニエルは、ありとあらゆるシナリオを想定して現場の将校や指揮官に質問をするが、正式な命令なしで権限のない人間の決定で核戦争に突入してしまう可能性を否定できない答えばかりが集まる様子がこの第二章では描かれている。続く第三章「核のボタンの上には何本の指があるのだ？」では、権限のない核戦争開始の可能性どころか、ダニエルが調査を進めるにつれ、核兵器使用の権限は大衆が信じ込まされているように大統領のみにある、ということではないことがわかってくる。当時のアイゼンハワー大統領自らが太平洋軍最高司令官のハリー・フェルト大将をはじめ権限委譲をしており、委譲のそのまた委譲といったことがなされていた実態が浮かび上がる。

岩国沿岸に配備されていた核兵器

次にダニエルが、のべ3章分を費やして証言するのは1959年から66年にかけて岩国沿岸に配備されていた核兵器の問題である。

1960年の安保改定で米国が日本に核を持ち込む(introduction)ときは「事前協議」の対象になるとされたが、実際は航空機や艦船による「立ち入り」(entry)は対象にならないとの密約が結ばれていた。第四章「イワクニ」によると、当時米海軍の艦船にとって日本でのR&R(休息と保養)は志気を保つために不可欠とされ、日本に寄港する艦船は「事実上すべてに核兵器が搭載されていた」。これは1974年の「ラロック証言」(注釈3)でも知られているが、ここでダニエルは、「いかなる時点でも日本のどこかの港で核兵器を搭載した米国艦船が停泊していたということは、ソ連の戦争計画において日本の沿岸都市は優先順位の高い攻撃目標であったということを意味する」という重要な指摘をしている。

しかしダニエルがきいた限りでは日本の米軍空軍基地自体には、実際に核兵器は配備されていなかったようだ。これらの基地の航空機は全面戦争時にウラジオストクや中国の標的をあてがわれていたが、核兵器はそのときにグアムか沖縄から運搬するということになっていた。沖縄にはそのときに備えて空中給油機K—97ストラトタンカーに核兵器を搭載して態勢を整えていた。「ハイ・ギア」というコードネームがついていた作戦であった。

米国は、日本の陸上に核兵器が配備されれば条約違反となり、「日本の親米政権は失墜し、日本と米国、日本と中国の関係を根本的に変換させる政府に取って代わられる」し、日本の米軍基地はすべて撤退させられるという危機感をもっていた。そもそもすでに沖縄と韓国に核兵器を配備していたので、日本という重要な同盟相手を失うリスクを冒してまで日本本土に置く必要はなかったと。

しかしダニエルは、1960年の初頭に、この理解を覆す情報に出くわす。「岩国にある小さな海兵隊航空基地については秘密の手配がしてあり、全面戦争の場合はそこにある少数の航空機が迅速に核兵器を運搬できるようにしてある」ということだ。他の基地の場合は核兵器を得るのに数時間かかるが、岩国の場合は数分で可能になるように、「海岸に戦車を降ろすための平底の揚陸艦LST（Landing Ship, Tank）が水陸両用トラクターに核兵器を積載して、岩国の沖合にアンカーで固定してある」と。（注釈4）

この揚陸艦は「サン・ホアキン・カウンティ」号と呼ばれ、表向きは電子機器修理のためということになっていたらしい。「沖合」と言っても海岸からほんの200ヤード（換算すると182メートル）ぐらいの距離で固定されていた。ダニエルは、「どんな基準から言っても日本の領土に核兵器が配備されていたということになる」と述べている。

核戦争になれば、サン・ホアキン・カウンティ号はアンカーで引き寄せられ、船の前面は貝のカラのようにぱかっと開き、核兵器を積んだ水陸両用トラクターが上陸し、海兵隊の航空基地に直行、航空機に搭載されることになる。日本の空軍基地に比べ「6時間から10時間早く核兵器を獲得できるのである。本当に核戦争になったら韓国の航空機とともにロシアか中国の攻撃対象に真っ先に核兵器を落とす」ことになる。

これは日本側に知られないように細心の注意が払われた秘密であるということだが、その後発見された米政府文書によれば日本政府の暗黙の同意は得ていたようだ（注釈5）。ダニエルの書き方からは、一番の心配は日本の野党に知られることだったようである。このことは空軍や海軍の立案者もあまり知らなかったようだが、岩国基地においては知られており、ダニエルが聞いたところによると「ときたまトラクターと核兵器を上陸させる訓練をしていた」ということだ。LSTの乗組員や航空機のパイロットが知っていたということは彼らの地元の日本人の彼女たちも知りえたことであり、共産圏のスパイに知られていてもおかしいことではなかったし、LSTに対する妨害行為の可能性もあったということだ。

ダニエルがこの問題について話した核戦争立案者たちは、大した軍事的利益もないこのような核兵器配備を条約に違反して行なうのは「想像し得る最も無責任な行為」という見方で共通していたようだが、太平洋軍最高司令官の頭越しに問題化できることではなく、空軍にとっても海軍との協力関係があるため海軍の行為を問題視して対立関係にある陸軍を利することはしたくないという事情があった、という記述でダニエルは「イワクニ」章を締めくくっている。

ソ連と中国はセットの標的

第五章「太平洋軍」では、ダニエルが民間人としては異例の太平洋軍最高司令官の機密情報室「ケージ」への入室を許された者として、膨大な資料に目を通しながら気づいたのは、米国の核戦争の想定敵国はソ連と思い込んでいたが、太平洋軍のあらゆる計画にはソ連と一緒に中国も標的として指定されていたことだということが書かれている。ソ連と中国は「中ソ共産圏ブロック」としてセットの標的だったのである。それは太平洋軍から射程範囲内に入るソ連の標的はウラジオストクとシベリアの数カ所だけであるせいで、戦争が起こったら太平洋軍が脇役に甘んじなければいけなくなるという理由であった。

ダニエルが当時太平洋軍の海軍上層部と話をしたときに、もし大統領がソ連だけを攻撃せよという命令をしてきたらどうするかとの問いに、生理的嫌悪感さえ示されたという。作戦地図においてもソ連と中国間の国境さえなく、標的としては分離が不可能で、もし米国が攻撃を受けた場合報復攻撃でこの二国を区別することは不可能な状態であった。しかしダニエルが調査を続けるにつれ、太平洋軍の特異性やその地理的状況のせいということではなく、大統領も戦略空軍最高司令官（ＣＩＮＣＳＡＣ）も、中国ぬきでロシア（ソ連）とだけ戦争することなど考えていなかったことがわかった。

岩国核配備の問題に戻るが、第七章「バンディーに報告」でダニエルがこの問題にどう対処しようとしたかを書いており、ここより要約する。ケネディ政権が発足して間もない１９６１年４月、ポール・ニッツェ国防次官補の補佐官になった元ランド研究所の同僚、ハリー・ロワンに岩国での条約違反の状況を伝えた。ニッツェは、マクナマラ国防長官の下で、日本との条約に対し文民の権限を有していた。ダニエルはニッツェ宛に、軍事的意味の薄い岩国核配備が多大な政治的リスクをはらんでいる旨のメモを書いた。ニッツェは追加調査を指示し、サン・ホアキン・カウンティ号はダニエルが指摘した通り、あまりに海岸に近く法的に日本の領土にあるとしか解釈できず、すぐ是正しなければいけないと判断された。

しかし調査の過程で明らかになったのは、世界の核兵器の所在を完全に把握していなければいけない核兵器および核エネルギー担当の国防次官補特別補佐官が、岩国に配備された核を記録しておらず、海軍の記録では「沖縄を母港とする」とあったことだ。これは国防総省に対し核兵器を積載したＬＳＴが岩国に常駐していることを隠蔽するものであり、到底許されることではなかった。

サン・ホアキン・カウンティ号は実際には沖縄に3年に一度は修理点検のため数カ月滞在しており、この時点でちょうど沖縄にいた。マクナマラはサン・ホアキン・カウンティ号を岩国に戻さず沖縄にそのまま留めるようバーク海軍参謀総長に通達した。しかしバークはそのときダニエルがニッツェ国防次官補だけに宛てたメモのコピーを入手しており、文民が海軍の作戦に介入したと激怒した。海軍が国防総省に偽りのレポートを行なったことなどはバークにとってどうでもよかったのだ。

ニッツェは、自分の上司であるマクナマラ国防長官がバークに対し毅然と命令を遂行し日本との条約を守るように言うことを期待した。しかし結果は、マクナマラが引いてしまった。国防総省はただでさえ軍部とたくさんの事案を抱えており、頭痛の種を増やしたくないということだったのだ。バークは、ダニエルが所属するランド研究所の予算に影響力を持つカーティス・ルメイ空軍参謀長にまで苦情を言い、ダニエルがランドから解雇されることを要求さえしたようだ。事情をダニエルから聞いたランドの所長は、ダニエルを解雇することはなかったが。

第七章はこう終わっている。

「サン・ホアキン・カウンティ号は予定通り核兵器を積んだまま沖縄から岩国に戻った。２年後ニッツェは再度移動を試みたが再び失敗し、１９６６年に駐日米国大使のエドウィン・ライシャワーが移動させるまで岩国にあった。リークでこの情報を得たライシャワーは、岩国から移動させなければ辞任すると脅したのである。１９６７年、ようやく沖縄に戻った」

岩国核配備をめぐる、当事者のダニエルしか語れない貴重な一連の証言であるが、これを読んだとき私は非常に複雑な気持ちになった。ダニエルにとっては、というより米国にとっては、日本は核配備や持ち込みに非常に厳しい条約相手国であり、その条約を聖域のように扱いながら、かたや沖縄は一つの米軍基地として、核兵器が本来そこに所属する当然の場所なのだった。核兵器を積んだＬＳＴが妨害行動や不慮の事故で核事故が起こり周囲の住民や環境に重大な影響を及ぼす可能性はダニエル自身本で指摘しており、それは岩国で起ころうが沖縄で起ころうが同じなのであるが、岩国が「誤った場所」で沖縄が「正しい場所」との前提で議論が進んでいることに、当時米軍政下の沖縄がいかに「一つの米軍基地」としてしか扱われていなかったかを物語っている（そういう意味では韓国も同様であった）。

現在も沖縄に核があるのではないか

このことについてダニエルに、当時沖縄をどう思っていたかと聞いてみた。米国の軍事植民地であり軍の戦略として核兵器を置くのは当然のことと思っていたかと。彼の返答は、

……当時沖縄が政治的、外交的にどうなっているのかというのは何も知らなかった。知っていたのは、米国政府と日本政府の間では、沖縄にある核兵器は全く問題にならなかったということだ。……「軍事植民地」とは、たしかに現実としてそうだったのかもしれないが、そのような概念で捉えたこともなかった。われわれ米国は南ベトナムという存在さえ自分たちで創り出して「パートナーシップ、同盟関係」と呼んで実際はそのように（軍事植民地として）扱っていたと言えると思う。米国という帝国やその覇権が及んだ地域について、国全体がそのような自己欺瞞に陥っていたとも言えるだろう。

続けて聞いた。「復帰」のあとも沖縄は米日の二重の植民地的支配を受けており、尖閣諸島問題は「中国、北朝鮮の脅威」を使ってさらに基地を増やそうとしているがどう思うかと。

私が言えることは、一般的に自明の理であるのは、米国と中国の間の武力をともなう紛争はそれがどんな原因であれ壊滅的な双方向の核戦争につながりかねず、絶対に避けなければいけないということだ。米国とロシア、インドとパキスタンの紛争も同じ結果になる。米国と北朝鮮もそうだ。米国と中国が戦争をすれば、沖縄の人々は、もちろん、他の地域の人たちも全滅の可能性に直面することになる。

核兵器の指揮統制がいかに制御が難しいものであるかをこの本を通じて訴えているダニエルがこれを言うとき、大げさではないことは明らかだ。あらためて、隣国との緊張を高めて沖縄を脅威に晒しては絶対にいけないと思う。

先述のNHK番組『沖縄と核』では、国防総省に問い合わせたところ「沖縄における核兵器の有無は回答しない」との答えだったという。現在も沖縄に核があるのではないかとの不安が増す「無回答」である。沖縄外であっても、日本の基地に核兵器がないということは検証しようもないのだ。ダニエルに、「日本本土で岩国のほかにも核兵器があったか聞いたことはありますか」と尋ねたら、「今まで二人の元米兵から、日本に駐留していたときに自分の基地から他の基地に核兵器を移送していたとか、日本で自分が駐留していた基地で核兵器を扱っていたという情報を得たことがあるが、その二人は両方とも、自分の軍隊での地位を実際より高いものと偽っていた。証言の内容自体は本当である可能性もあるが、全体として信ぴょう性に疑問をもっている」という話だった。

まだまだ発掘されるべき「歴史」と「現在」が存在しているように感じる。

（注釈1）日本語では1973年に『ベトナム戦争報告』（ダニエル・エルズバーグ著、梶谷善久訳、筑摩書房）が出ている。2017年末に、スティーブン・スピルバーグ監督で『The Post』（日本では「ペンタゴン・ペーパーズ　最高機密文書」2018年3月30日公開）という映画になった。「ペンタゴン・ペーパーズ」を主題にした映画はこれが初めてではなく、2003年にジェイムズ・スペイダー主演でテレビ映画になっており、2008年には『The Most Dangerous Man In America（アメリカで一番危険な男）』という長編ドキュメンタリー映画がアカデミー賞候補になった。

（注釈2）Daniel Ellsberg, The Doomsday Machine — Confessions of a Nuclear War Planner, Bloomsbury Publishing, 2017.

（注釈3）1974年9月10日、ジーン・ラロック元海軍少将は、米上下両院原子力合同委員会軍事利用小委員会で「私の経験では……核兵器を積み込むことが可能な艦船は核兵器を積んでいた。日本だろうとどこだろうと外国の港に寄港するにあたって核兵器を降ろしたりはしない」と証言している。

（注釈4）ダニエル・エルズバーグは1978年8月8日、共同通信に「岩国の核」について情報を提供している。米国では『ワシントン・ポスト』が1981年5月22日に報道した。

（注釈5）「60年代　岩国沖米艦に核兵器　日本政府は知っていた　米政府の文書で判明」『しんぶん赤旗』2003年8月1

日 HTTP://WWW.JCP.OR.JP/AKAHATA/AIK2/2003-08-01/01_02.HTML
この記事によると、１９７９年1月、エルズバーグは共産党訪米調査団に対し、「１９６１年当時、ジョンソン国務副次官がニッツェ国防次官補に対し、『日米安保条約の中の灰色の部分（グレイ・エリア）だ。基本的には日本政府の暗黙の同意を少なくとも得ている』と語っていた」と話している。２００３年発見のこの電報で明らかになったのは「『相互防衛条約交渉の日本側代表』がこの事実を知っていた」ということである。

核戦争の脅威は核が使用されたときから始まった。その中で被爆国である日本がなすべきことは何か。ここにオバマ政権のもとで、米ロの全面核戦争の脅威が高まる中行なった『週刊金曜日』２０１６年11月25日号のインタビュー記事を再録する。

――最近、米国とロシアが核戦争を起こすという懸念が国際的に高まっていますね。

残念ながら、その通りです。現在、世界を見れば明らかなように、１９６２年のキューバ危機以来、54年ぶりに米軍とＮＡＴＯ（北大西洋条約機構）軍がロシア軍と空中または陸上、海上で直接軍事衝突する危険性があります。一つには、シリアで米ロの航空機同士の戦闘から広範囲の戦闘に発展する恐れがあり、さらに２０１４年のウクライナ危機以降、バルト海諸国やポーランドに配備されたＮＡＴＯ軍がロシア軍と交戦状態になる可能性があります。

いずれも両者が限定的に核兵器を使用し、それが全面核戦争に発展する可能性が高い。少なくとも、ゼロではありません。どちらの側も、相手に対し核兵器を使用する準備ができているると宣言していますし。

――日本ではあまり報道されていませんが、世界はきわめて危険な状況になっていると思います。

ただ忘れてならないのは、米国は実際に核兵器を使用しなくとも、相手に銃を突き付けるような形での威嚇という意味で、核兵器をそのように「使ってきた」のです。中国に対しては、金門・馬祖の危機においてそのような威嚇をしました。ベルリン危機や朝鮮戦争、ベトナム戦争でもそうでした。そしてキューバ危機も含め実際に核戦争になったら、沖縄から発進した米軍機に核兵器が搭載されていたのは間違いありません。

――現実に使用されたら、地球は破滅的になるでしょうね。

核爆発が起きると多くの場合、そこから生じた火災旋風の煙が成層圏に入って、すぐに地球全体を覆います。多くの都市が攻撃を受けるような事態になると、太陽光が地上に届くのが遮られてしまうのです。米ロの全面核戦争の場合、太陽光の70％もが遮断され、10年かそれ以上の期間、農業生産が不可能になるでしょう。その結果、地球上には食料がなくなり、人類の大半が餓死します。実際、キューバ危機で核戦争が回避されなかったら、そのようなシナリオが現実になっていたはずなのです。

――そう考えると、核兵器が誕生した時点にさかのぼって問題が提起されているような気がします。

その通り。確かに米国が第2次大戦中、「ヒトラーが自分たちよりも前に核兵器を持つのでは」と心配をしたのは、合理的なことでした。しかし、米国の諜報機関はドイツが降伏した5月7日までに、ドイツが核兵器を作っていなかったと知ったのです。ならば、核兵器の開発を進めたマンハッタン計画は、その時点で中止されるべきでした。

「敵」を作り上げてきた米国

――当然ですね。

私がこれから言うことは、今まで誰にも言ったことがありません。1945年5月8日、ドイツが降伏するのを待たずに、日本にもいずれ勝てるということはわかっていました。原爆を持とうが持つまいが。ですから5月8日以降、人類が一番の優先順位で取り組むべき課題は、核兵器の誕生を食い止めるということだったのです。
人類最初の核実験である45年7月16日のトリニティ・テストは実施すべきではなかったし、もちろん広島・長崎に原爆を投下するべきではなかったのです。このような兵器が実際に使われないよう、ありとあらゆる努力が払われるべきでした。

――しかし、そうはなりませんでした。

米国は第2次世界大戦が終わって、核兵器の単独保有国となりました。そして、実際にそうした地位を利用し、「核兵器を使うぞ」という脅しを当時の旧ソ連や中国等に対して、一方的に振りかざしました。しかしそうした脅しが使えた時代は、50年代末までに旧ソ連が核兵器とＩＣＢＭ（大陸間弾道ミサイル）の開発に成功した結果、米国も攻撃される対象となることで終わりましたが。

――その代わり、米ソの核軍拡競争も激化していきます。

そうなのですが、米国は第2次世界大戦後も、自国や同盟国をヒトラーのような「敵」から守るという名分を掲げました。無論、戦後も独裁者は多くいたし、大量虐殺もあった。しかし、世界の大半を軍事力で征服しようなどという者は、出てこなかったのです。しかし米国は、旧ソ連のスターリンをそのような存在として仕立てあげました。

スターリンは自国の国民に対し残酷で、殺人者として振る舞ったかもしれませんが、西欧諸国を取ろうなどとは思ってはいなかったのです。米国の諜報機関も、実はそれを知っていました。にもかかわらず、米国の巨大な軍事力の拡大を正当化するため、そうしたモンスターのような存在に作り上げ、利用したのです。

——虚構の「敵」ですね。

そのような「敵」を作り上げることによって、二つの利点がありました。一つは、「敵」に立ち向かうという口実で、どのような破壊行為も正当化できること。もう一つは、核兵器の使用を正当化できたのです。ヒトラーのような「敵」は妥協も交渉も、譲歩もできないのですから、「核兵器を使うしかない」というふうに。しかしスターリンを含め、戦後70年以上、旧ソ連を含めたロシアにそのような指導者はいませんでした。

「核の先制不使用」を宣言することのメリット

——それでも、米国とロシアが核戦争を始める危機が存在しています。

先ほど、米ロ共に「相手に核兵器を使用する準備ができている」と言いましたが、これには「核の先制使用」という表現がされています。そして現在の核戦争の危機を防ぐためには、米国が「核の先制不使用」を宣言することのメリットに気付かねばなりません。なぜなら、ロシアが早期の段階から「核の先制使用」を宣言していた理由の一つは、「自分たちがまずやらなければ、米国にやられる」と思っているからです。「どうせ核兵器を使うならば、やられてから二番目に使うよりは、最初から使おう」と。

だからこそ私たち米国はロシアに対し、「自分たちが先に核兵器を使うことはありません」と言わなければならないのです。「米国が先にやるかもしれないからという恐怖で、核を先制使用する必要はないのですよ」と伝えねばならないのです。具体的には、米軍・ＮＡＴＯ軍が欧州に前方配備している約２００発の核弾頭を撤去することが必要でしょう。

——ところが日本政府は、オバマ大統領に「核の先制不使用など言わないで」と要求しました。これでは、欧州での全面戦争の可能性を増大させてしまいます。

まったく、その通りです。オバマに「核の先制不使用を言うな」と圧力をかけるのは、人類を絶滅寸前に追いやる可能性を高めるのと同じです。結局オバマは、検討していた「核の先制不使用」宣言を断念しました。

――韓国政府も反対しましたが、両国政府は「核の先制不使用」に反対することで、結果的に北朝鮮に対し、「核の先制使用」で脅しているということになりますね。

同感です。しかし、北朝鮮が万が一、韓国を核兵器で攻撃したとします。それでも、米軍は北朝鮮を通常兵器で壊滅に追い込む力は十二分にあり、核兵器で反撃する必要はありません。核兵器は不要なのです。仮に核兵器で応じたとしたら、それでも核攻撃に対する核攻撃になりますので「先制攻撃」ではなくなります。ということはこの場合も、「核先制不使用」が消去する選択肢ではなくなるということになります。

――「核の傘」と言われますが、日本がそれについてどこまでそのように論理的に考えているかは疑問です。広島市の秋葉忠利前市長は、『核の傘』からの離脱」を主張していましたが。

秋葉前市長は私も知っていますが、そもそもなぜ日本に「核の傘」が必要なのでしょう。北朝鮮が核実験を開始する前からそのようなことが言われていますが、中国にしろ、日本を核攻撃しなくてはならない理由などないはずです。

――安倍晋三首相は中国や北朝鮮の「脅威」を煽り、「日米同盟の強化」と称して2015年9月に集団的自衛権の行使を認める安保法制を国会で可決しました。それによって、自衛隊

を海外の戦闘に従事させようとしています。

中国の何が「脅威」なのですか。尖閣を取りに来ると？　人が住んでもいない「尖閣」のどこが重要なのですか。また自衛隊海外派遣といいますが、日本はいったいどこに行きたいのですか。

日本こそが核兵器のない世界をつくるリーダーになるべき

――結局安倍首相は、憲法９条の制約を外したいのです。

そんなことをして、何が得られるのでしょう。９条があるから、日本は世界中から羨ましがられているのではないのですか。米国のように戦争ばかりして、貧困率や殺人発生率ばかり高い「普通の国」になりたいのでしょうか。戦争をやってそんな「国」になれたところで、いったい何のプラスになるのですか。

――９条については、まだ変えたくない国民の方が多数です。自衛隊員もリスクが増えて、隊員や家族に不安が広がっています。

そんなことより、日本人は、「核の先制不使用」を要求して、世界のリーダーになるべきです。

そして、ドナルド・トランプを含む米国に、こう言うべきなのです。「私たち日本人は、安倍首相がどう言おうが核兵器を先制使用する脅威に加担することはできない」と。

日本人が政府と同じように「核の先制使用」を歓迎している限り、北朝鮮や中国に対し、相手の頭に銃を突き付けているのと同様の行為をしているのです。いくら「脅威」などと称したところで、「核の先制使用」を正当化することはできないのです。すでに日本は、核兵器による破壊を経験しています。ならば、核戦争を起こさないようにするための最初のステップは、米国にあくまでも「核の先制不使用」を要求することです。

――日本政府のやっていることは、逆ですね。

私は自分の人生を、核戦争を起こさないという目的に捧げてきました。かれこれ、60年になります。軍隊生活を終えて母校のハーバード大学にジュニア・フェローとして入っていた1958年以来。ある意味では、45年8月以来とも言えるかもしれません。14歳だったとき、広島原爆投下のニュースを聞いて、大変悲惨なことだと思いました。それ以来、世界にとって、そして自分の人生にとって、再び核戦争を起こさないということが何にも増して重要となったのです。

――そのため、日本との関わりも深くなりました。

そうした60年の間、54年には第五福竜丸の被曝事件をきっかけに日本では大きな反核運動が生まれました。これまで、原水協、原水禁の二つの団体から、何度も日本への招待を受けてきています。私は日本こそが、核兵器のない世界をつくる運動のリーダーになれると固く信じてきました。そのためには今、日本の運動が先制不使用において世界のリーダーになることです。日本は米国に先制不使用を言うなと要求するのではなく、先制不使用自体を要求していかなければいけません。

ダニエル・エルズバーグ（Daniel Ellsberg）

1931年生まれ。米国の代表的左派知識人。核時代平和財団上級研究員。ケンブリッジ大学やハーバード大学で学び、ゲーム理論の分野で博士号を取得。ランド研究所、国務省、国防総省で政策研究調査に携わる。1万5000にも及ぶ米国のベトナム戦争の実態や核戦争計画についての秘密文書をコピーし、ベトナムの文書は1971年大手紙を通じて暴露、「ペンタゴン・ペーパーズ」として知られる。その後も米国外交政策、核政策の評論家、平和運動家として活躍を続け、「ウィッスルブローアー（内部告発者）」の草分け的存在として近年は「ウィキリークス」のジュリアン・アサンジ、元ＮＳＡ職員のエドワード・スノーデンを応援する活動もしてきている。（写真は2017年11月18日、サンフランシスコ郊外の自宅にて。撮影：乗松聡子）

秘密主義の代償払う基地

住民を阻む強固な壁

明治大学法学部特任教授
ローレンス・レペタ

沖縄の人々の忍耐強さは私の想像の及ぶところではない。人類史上最も残酷な戦争が終わって70年もたつのに、いまだに米軍基地負担の重荷を背負わされている。日本政府とペンタゴンは、辺野古で米海兵隊用の恒久的な巨大基地を造ろうとしている。そして沖縄の人々が明確に示した反対の意思にもかかわらず計画を進めている。

法律家としての観点からは、仲井眞前県知事による埋め立て承認の適法性が当面の課題である。前知事は長い間躊躇した末、合理的根拠も示さずに突然承認した。これは多くの人が違法行為であったと考えている。承認取り消しを求めて訴訟も進行中だ。

しかし、訴訟は何年もかかるであろう。大浦湾の掛け替えのない生態系を保護するにはそのような長期戦では間に合わない。基地建設の作業が取り返しのつかない損害をもたらす前に、翁長知事は現行の作業を停止させるための決定を下す必要がある。

私自身日本の法廷において政府に立ち向かった経験がある。１９８０年代前半、まだ若かった時分にある刑事訴訟を東京地裁で傍聴した際、法廷証言を傍聴しながらメモを取ることを廷吏に止められたときは驚いた。私は裁判長に対しメモを取る許可を申請したが、却下された。後日、刑事訴訟における法廷傍聴人メモの禁止は全国的な慣例であるということを知った。

レペタ氏が求めた法廷内傍聴メモの原則自由を認めた最高裁大法廷＝1989年3月8日（写真提供：共同通信社）

日本国憲法82条は「裁判の対審及び判決は、公開法廷でこれを行ふ」と規定している。憲法21条は表現の自由を保証している。公開法廷において傍聴人が自らの思考や所見についてメモを取ることが禁止されるとは考えられないと思った。私から見ると裁判官が憲法の重要な規定を無視していることは明らかであった。

幸運なことに私は人権派弁護士の助力を得、法廷でメモを取る権利を求めて裁判を起こした。それは厳しい道のりだった。東京地裁と東京高裁ではわれわれの訴えは退けられた。その後最高裁に上告し、１９８９年３月８日、最高裁判所大法廷においてわれわれ原告側の主張が正しいという判決が下された。

最高裁の判決は、東京地裁において私がメモを取ることは許可されるべきであったとした。また、法廷傍聴人のメモ取りが制限されるのは特段の事情があるときのみとの立場を示した。現在、日本全国で法廷傍聴人のメモは一般的に自由になっている。

この経験からの一つの教訓は、訴訟は時間がかかるということだ。私のケースは単純な内容であり結果的に成功したが、最高裁の判決は私にとっては5年遅かったといえる。私が傍聴していた裁判はもうとっくに終わっていた。

もちろん解決のために法廷を使うべき問題は数多くある。しかし大浦湾の破滅につながりかねない建設計画のようなケースでは、行政府が、この場合は沖縄県知事が、手遅れになる前に行動を起こすべきである。

基地で何が起こっているかは知らされない

日本は世界で最も民主主義が発達した国の一つである。私が法廷メモ訴訟を行なったのは、政府の行為について市民が知る権利は、いかなる民主主義社会においても最も重要な価値を持つものとの信条からであった。

政府の秘密主義は市民の「知る権利」の最大の敵である。だからこそ２０１３年に日本の国会が「特定秘密保護法」導入の審議を行なったときに多くの人が反対したのである。このような法律は政府関係者に過度の権力を与え、自らの行為を隠し、市民による真実へのアクセスを否定することを許してしまう。

沖縄人と同様、米国人は、政府の秘密の壁の中で最も強固なものは軍事関連であるということを経験から知っている。この真理は今も昔も変わらない。米軍基地の存在に伴う最も高い代償の一つは秘密主義である。兵器についても、作戦についても、基地の本当の目的についても秘密なのだ。基地を取り囲む有刺鉄線の内側で何が起こっているかなど地元住民には決して知らされない。

日米政府は、１９７２年沖縄が日本に返還されるときの費用負担についても、冷戦のさなかに核兵器積載艦が日本に入港していたことについても何年もうそをついていた。辺野古の海兵隊基地の運用計画についても、日米政府がわれわれにその全容を知らせると思うこと自体が愚かであろう。

私がこれを書いている瞬間にもキャンプ・シュワブのゲート外と海上で基地を阻止しようとする人たちが危険を顧みずに行動している。心から敬意を表したい。

望み薄でも実を結ぶ

私が30年以上前に法廷メモ裁判を起こしたとき、周囲からは見込みがないと言われた。ある高名な弁護士から「レペタ君、あなたは正しいと思うが、日本はそうなっていますよ。しかたがない」と言われたことも覚えている。しかし彼は間違っていた。私たちの行動がきっかけとなって最高裁が日本の慣習を変える判決を下したのである。

辺野古における海兵隊基地建設反対運動は大変厳しい闘いを強いられている。しかし過去には、マーティン・ルーサー・キング牧師らによる公民権運動のように、望み薄と思われた状況でも、粘り強い闘いが実を結んだ例もあった。

大浦湾は目を見張るようなサンゴ生態系がまだ手つかずの状態にある。サンゴ礁は世界で最も多様性を誇る生態系であり、全ての海洋生物の3分の1にも及ぶ種にすみかを提供しているという。多くのサンゴ礁が地球温暖化や、辺野古の基地計画のような人間の開発行動などによって瀕死の状態にあることは悲劇としか言いようがない。

辺野古の基地計画が続行すれば、周辺環境に修復不可能な損傷をもたらすリスクが生じる。取り返しがつかなくなる前に、まずは建設を止めなければいけない。

（2015年4月8日）

◎編者から一言

2010年、東京で『アジア太平洋ジャーナル・ジャパンフォーカス』の会合が開かれ、そこに一緒に招いた弁護士の友人が、レペタ氏がいるのを知って「あの〝レペタ裁判〟の人か！　日本の弁護士は基本の教科書で必ず学んだことのあるケースだ」と言っていたのが印象に残っている。レペタさんは法律の専門家として、秘密保護法、共謀罪、自民党による日本国憲法改変の危険性について厳しい評価を英語で発信し続けている。この記事では、そのレペタさんが自らの経験に基づいて、「裁判で勝つことは可能だ。だが時間がかかるかもしれない。だから取返しがつかなくなる前に法的手段には早く打って出たほうがいい」と翁長知事に助言した。記事を書いてもらった2015年3月は、翁長知事が仲井眞前知事の辺野古埋め立て承認の「撤回」か「取消」を、知事就任後すぐしてほしいとの期待の中、「第三者委員会」を設置して「取消」を法的に検討すると決めたばかりであった。その後同年秋に翁長知事は「取消」を行ない、国との訴訟の応酬や「和解」を経て、2016年末、「取消」を国に違法と訴えられた裁判に敗訴した後、「取消」を取り消し、それによって知事埋め立て承認が戻った。国は護岸工事を着々と進め、知事は就任後3年以上経っても「撤回」をしていない。レペタさんが危惧したサンゴ礁破壊は進行している。

ローレンス・レペタ (Lawrence Repeta)

明治大学法学部特任教授。米国ワシントン州弁護士・法学者。日本の法廷で傍聴者がメモを取る権利を獲得した「法廷メモ訴訟」の原告として知られる。NGO「情報公開クリアリングハウス」理事。政府情報公開を求める運動に尽力してきた。著書に『闇を撃つ』（日本評論社、2006）、共著『MEMOが取れない―最高裁に挑んだ男たち』（有斐閣、1991）など多数。

生きた文化財守る闘い

伝統と自然、切り離せず

弁護士、著述家　ジーン・ダウニー

「オール沖縄運動」は、人びとが伝統的なアイデンティティーと文化的遺産を守り、自分たちの権利と尊厳を認めさせるために立ち上がった非暴力の闘いとして歴史に刻まれるものである。

日米政府による沖縄の基本的尊厳を踏みにじる態度は19世紀にさかのぼる。この時期は欧州系米国人も日本人も先住民族に対し民族的優越性を持つという観念がまん延していた。両国とも政府主催の催しで、帝国主義を正当化するために差別的イメージを喧伝していた。

「琉球処分」後、1903年に大阪で開催された内国勧業博覧会の会場外に開設された「学術人類館」では、日本人の男がむちを手にアジア先住民族の「展示」を仕切っており、その中には2人の沖縄人女性がいた。同様に1898年の米西戦争後、1904年の世界博覧会において、米国のアジア太平洋の植民地獲得を祝うため、先住民族が「人間動物園」として展示された。

廃虚と化した首里城（大田昌秀編著『これが沖縄戦だ』より）

20世紀半ばには、日本政府の沖縄蔑視が、沖縄を生け贄とした戦闘という結果を招き、住民ばかりではなく豊かな文化財が撃滅された。米国政府は日本の古都である京都の文化財を保護するために爆撃対象から外したが、沖縄では琉球王朝時代の古都・首里に対しては平等の配慮はしなかった。

沖縄戦にあたり、米軍は沖縄の市民権を軍事的必要性の名の下に廃止し、本土侵攻の目的で沖縄の土地接収を正当化した。日本の降伏後も米国は土地を返すどころか、住民を強制収容所で拘束している間に土地の接収と財産の破壊を続けた。このパターンは、１９５２年に沖縄が日本から切り離された後も続いた。

沖縄の人々は植民地化と沖縄戦を生き抜

き、戦後も米軍によるアイデンティティーと伝統に対する軍事的迫害に耐え抜いてきた。有形文化財は破壊されても、無形文化財を復活させた。しかし、それだけでは足りない。沖縄の人々はジュゴン、サンゴ礁生息地、やんばるの亜熱帯降雨林などの保護を求めているのだ。これら相互依存的な生態地域こそが残存する生きた有形文化財なのである。

沖縄の先住民文化は自然界と切っても切り離せないものだ。沖縄のジュゴンは古くから神聖なアイコンとして重んじられてきた。辺野古には貝塚時代の遺跡もあり、何千年もさかのぼる。地域の人々は古代から伝わる伝統的な神事も引き継いできた。

日本政府は一度も謝罪していない

子ども時代に沖縄戦を体験したお年寄りたちは、「命どぅ宝」という考えに象徴されるように、沖縄の自然文化遺産とアイデンティティーを守る権利を認めさせるために闘ってきた。辺野古と高江の長老たちは先住民族の権利、文化遺産、平和、環境を守ろうとする世界中の人々の支持を得ている。

２０１４年2月、サンフランシスコ連邦地裁は、米国国家歴史保存法に基づいた「米ジュゴン訴訟」における原告の基地建設計画中止を求めた訴えを棄却した。裁判所には日米政府が行なった決定を止める権限はないとの理由だ。そもそも沖縄で最も重要な自然文化財を救う試みであるこの訴訟が起こされた事実自体が、米国政府による先住民軽視と文化財軽視の歴史を反映している。

米国のこのような先住民の尊厳と権利の非承認を示す一例として、悪名高い1823年の米最高裁による「発見の法理」がある。これにより米国における先住民の土地の武力による接収を認可したのだ。この法理は15世紀、スペインとポルトガルの帝国主義者たちが先住民の土地を征服によって取得し、先住民を奴隷にしたり殺したりすることを認めたローマ教皇の大勅書に基づいたものだ。

沖縄人は真珠湾攻撃と太平洋戦争にいたる日本政府の決定に何の責任もなかった。しかし、いまだにそれに対し沖縄が罰を受けさせられている――自由と平和を奪われたままで。沖縄戦におけるジェノサイドともいえる規模の民間人殺戮、集団死の命令、家や農地や生活の喪失、琉球王国の文化財の広範に及ぶ破壊に対して日本政府は一度たりとも沖縄人に謝罪したことはない。米軍も、戦後の独裁的暴政の下での家屋、農地、文化的財産の強奪と破壊に対し謝ったことはない。

今こそ正義を取り戻す時機ではないか。

「命どぅ宝」を守るために

私は米国革命を担った者、奴隷制廃絶運動を行なったクエーカー教徒、チェロキー族、反帝国主義平和主義者、日本の戦前平和運動家の血を引く米国人として、沖縄の民主主義、平和と先住民文化の保護のための闘いに深い敬意と関心を抱くようになった。

米国と日本が沖縄の意思に反して辺野古の文化遺産を破壊してしまったら、沖縄の将来の世代は失ったものが何かも知ることができないであろうし、土地、森林、海に根差した文化遺産の価値さえわからなくなるであろう――既になくなってしまっているのだから。このような可能性は想像するだけで耐えられない気持ちになる。このような思いから数年間、私は沖縄の現状をブログやソーシャルメディアで日々世界に発信する作業をしてきた。

約半世紀前の1966年、平良修(たいらおさむ)牧師は高等弁務官就任式で新任者が「最後の高等弁務官」となるように、沖縄の人々の人権と尊厳が回復されるようにと祈りをささげた。今、世界中の人々が、沖縄の一番重要な価値観「命どぅ宝」を守るための闘いに支援の祈りを送っている。辺野古とやんばるの生きた自然文化遺産こそが、「命どぅ宝」の具現された形なのである。

(2015年4月19日)

◎編者から一言

先住民チェロキー族の血を引き、日本人の母を持つジーン・ダウニー氏はこの記事で先住民の体験を前面に出す。米国は、そもそも欧州からの植民者が作った国であり、植民地拡大のために軍隊を持ち、先住民を武力で殺りく・排除し、メキシコを侵略して土地を奪い、拡大した国だ。先住民の目から見たら「在外米軍基地問題」は建国時にまで遡り、米国はジーンの指摘する「発見の法理」に基づいて他国の土地、自然や文化資源、人権を奪い続けている。メキシコ侵略戦争（1846〜48年）で指導的役割を果たしたマシュー・ペリー提督がその後1853年に琉球、そして日本に来て開国を迫ったことも、現在その琉球が米軍植民地にされていることとつながる。ジーンがここで触れる、「米ジュゴン訴訟」では、2015年2月のサンフランシスコ連邦地裁の「原告適格なし」「〝政治問題法理〟による却下」との門前払いの判決の直後であったがその後原告は控訴、2017年8月の控訴審判決では一転、原告適格あり、政治問題法理にも当たらないとして逆転勝訴、審理は地裁に差し戻された。沖縄の文化財としてのジュゴンを守るための訴訟が基地阻止に役割を果たすかどうか、闘いはまだ続く。

ジーン・ダウニー（Jean Downey）

弁護士、著述家。オンライン英字誌『アジア太平洋ジャーナル・ジャパンフォーカス』、寄稿編集者を務める『京都ジャーナル』、自身が運営する平和の文化を推進するブログ『テン・サウザンド・シングズ』（tenthousandthingsfromkyotoで検索）において、非暴力社会運動、宗派を超えた取り組み、先住民、人権、環境、憲法9条などのトピックで著述活動を行なう。

「平和の配当」待つ沖縄

東欧に学び非軍事化を

米シンクタンクディレクター　ジョン・フェッファー

１９８９年、ベルリンの壁が崩壊した時点で、約50万人のソ連兵と家族が東ドイツ中に張り巡らされた軍事基地に駐留していた。これらの基地には４０００両を超えるソ連軍の戦車、１０００機以上の航空機とヘリコプター、数は不明だが核兵器もあった。東ドイツはＮＡＴＯ（北大西洋条約機構）との境に面した戦略的重要地域であった。

それから4年以内に、これらの兵士も兵器類も旧東ドイツ領から姿を消した。統一ドイツは東側における全ての軍事的生産活動を停止し、兵器工場は解体工場へ姿を変えた。ドイツ再統一の際の取り決めの一環として、外国基地や核兵器は旧東ドイツには一切置いてはいけないこととした。ドイツ政府は軍事基地の跡地のほとんどを再利用し、大規模な基地の幾つかは自然保護区や公園となった。

１９９１年のソ連崩壊に伴い冷戦が終結したからといって、欧州の東部から中部にかけての軍事基地や施設がなくなったわけではなかった。事実それらの地域のほとんどの国々がＮ

ＡＴＯに加わり、費用の掛かる軍事力近代化計画を長期間にわたって行なったのである。しかし、東ドイツは現在も外国兵は駐留せず核兵器もなく、冷戦期に比べたら軍のフットプリント（足跡）は激減している。

東西ドイツの国境開放後の1989年大晦日、ベルリン・ブランデンブルク門前の「ベルリンの壁」の上に立つ人々（DPA、共同）

冷戦の終了はアジア太平洋地域におけるいくつかの重要な非軍事化の例をもたらした。米国は韓国から戦術的核兵器を除去した。フィリピンではクラーク基地、スービック湾基地を閉鎖した。兵力配備の水準は日本と韓国両方で減少した。

２０００年にはビル・クリントン大統領が沖縄を訪問した。彼は沖縄における米国のフットプリントを全体的に削減すると約束した。この報せは沖縄で歓迎された。日本の面積の１％にも満たない土地に米軍専有基地の約4分の3を負担している沖縄は、冷戦終了からの「平和の配当」をやっと受け取ることができると思った。

そして今、沖縄の人々はまだ待たされている

実際、アジア太平洋のほとんどの地域がまだ平和の配当を待たされている状態である。ポスト冷戦時代の非軍事化に勝利したケースのほとんどが逆転させられている。フィリピンは国全体を米軍に対し開放する「訪問米軍に関する地位協定」に署名したし、両国政府はクラークとスービック湾それぞれの基地の再開に向けた交渉さえしている。アジア太平洋地域における米軍配備の水準は横ばい状態だ。オバマ政権の「アジア基軸」政策の下、この地域において米国は新たな基地使用計画および最新のハイテク兵器の展開を進めている。

沖縄に関しては、普天間海兵隊基地の代替施設としての辺野古における建設計画がこの米国の再編計画の中心にある。

東ドイツの経験を生かす

アジアにおける冷戦の再燃に直面する中で、沖縄の人々は、外国軍駐留を削減し、現在軍事基地として使われている土地を民間の手に取り戻すための取り組みにおいて東ドイツの経験をどう生かしていけるだろうか。

第一点目として、県外に味方を持つことである。東ドイツの人々は西ドイツの支持があったから転換期における取り組みに成功することができた。沖縄の人々は、県内での議会選挙、市長選、知事選といった次元でいくつかの政治運動を成功させてきた。しかし東京での世論動向が変化する必要がある。普天間基地閉鎖と辺野古における基地拡大の中止を支持する日本の政治家はこの問題を優先しなければいけない。そしてこの基地計画を支持する政治家が負う政治的代償を引き上げるべきなのである。

二点目は、基地建設への反対運動を、より大きな沖縄の将来像の一部として捉えることだ。東ドイツの人々は、自分たちの国が統一ドイツの中でどのような位置付けになるかという大きなビジョンの一部として、特定の基地を転換していくことに焦点を当てた。沖縄は日本において、美しい亜熱帯の土地という明確な比較優位を有している。基地の返還・跡地利用計画は日本において、そして国際的にもこの優位性を強化する試みの一環であるべきだ。そして東京にもこのような沖縄の変身が日本全体にとって有益であると思わせなければいけない。

地政学的変化が必要とされる

三点目として、東ドイツの変換は１９８０年代終盤に起こった大きな地政学的変動があったから起こったことだ。しかし東ドイツの平和運動家たちはすでに長い間運動をひそかに辛抱強く続けてきていた。この人たちは教会組織の中で動いた。核兵器に反対する運動を行なった。ヨーロッパの他地域の運動家たちと連絡を取った。ベルリンの壁が崩壊したときは、多くの人にとっては驚きであったが、これらの平和運動家たちはその時点でドイツ政府の最上層レベルにまで自分たちの求める協議事項を押し上げる用意ができていた。

沖縄の運動家の多くは自分たちの運動の目的は短期的な辺野古計画の中止だけではなく、長期的な非軍事化という目標に向かっていると認識している。この長期的目標の実現はある種の地政学的変化――東京か、ワシントンか、アジア太平洋地域全体における――を必要としている。

われわれにはその変化がいつ起こるかの予測はつかない。しかし沖縄の運動家たちは準備ができているはずだ。もう何十年も闘いを続けてきている。自分たちの運動があまり成果を生んでいないことも見てきている。しかし沖縄の運動に携わる人たちが世界中の平和運動家たちを鼓舞する存在であり続けていることを知ってほしい。そしていつの日か沖縄の人たちが達成する変化は、冷戦後東ドイツの人々が手に入れた非軍事化よりもさらに世界にとっての深遠な手本となることであろう。

（２０１５年５月28日）

◎編者から一言

ジョン・フェッファー氏はコミュニケーションのプロだ。彼は話すときも書くときも論理的で明快、曖昧な点は一切ない。数年前、沖縄選出の国会議員など7名でケイトー研究所を訪ねた。「小さな政府」を推進するシンクタンクであり、保守ではあるが費用のかかる米軍の海外拡張を抑えるといるという意味では沖縄の目的と共通点がある。会合では一人ひとりの「訴え」で持ち時間が終わってしまったとき、同席していたジョンに後から、「ここの人たちは沖縄の状況はすでに知っています。〝話す〟だけでなく、相手にどんなアイデアがあるか〝聞く〟ことも大事でしょう」という助言があったことが印象に残っている。ジョンはこの記事で、東ドイツやアジアの一部が冷戦終了の「平和の配当」を勝ち取った成功例に触れているが、現在の米国はロシアとの「新冷戦」を推し進めている。米国の党派を超えたエリートシンクタンク、CFR（外交問題評議会）が2018年1月末の報告で、「米国がロシアとの第2次冷戦に突入している」と宣言し、「制裁の強化」「選挙介入とサイバー攻撃に対する対策強化」「欧州の安全保障（ポーランドとバルト海諸国の軍備強化）」を謳っている。トランプ大統領が1月11日に貧しく混乱した国々を指して「掃き溜め shithole」と言ったことが騒ぎになったが、ジョンは1週間後に出した記事で、「トランプの言葉は確かにひどい。しかしその掃き溜めの国々を作ってきたのが米国自身なのだ」と、9・11後、アフガニスタン、イラク、リビア、シリア等を侵略・破壊した米国の外交政策自身を批判した。二大政党どちらの党であれ、誰が大統領であれ、沖縄の人権のための運動は「米国」という巨大な軍事覇権との闘いなのである。

ジョン・フェッファー（John Feffer）

米国ワシントンDC拠点の平和・人権・環境に重きを置くシンクタンク「フォーリン・ポリシー・イン・フォーカス」ディレクター。著作は日本語訳されている『アメリカの対北朝鮮・韓国政策―脅威論をあおる外交政策』（2004年、明石書店）など多数。沖縄の対米行動・発信に常に助言・協力してきている。

言語道断の新基地計画

差別と戦利品扱い根源に

映画監督　ジャン・ユンカーマン

2011年も終わりに近づき、日本政府が環境影響評価書を提出し辺野古の新基地建設を進めようとしていた時、映画制作会社「シグロ」のプロデューサーの山上徹二郎氏と私は、沖縄の米軍基地についての映画制作に入ることを決めた。映画の構想は既に何年も練っていた。実際に『映画　日本国憲法』（2005年）を共同で制作した時から、私たちは共に、沖縄への基地集中は憲法9条の精神に背くものだと感じていたのだ。これらの基地があるかぎり、日本は「平和の国」であるとは言えないと。

もともと、私自身は1975年から76年にかけて6カ月、コザで反戦活動をしたことがあり、その時から重い荷物を担いでいた。「この美しい島沖縄を米軍が占領し続けていることは許せない。アメリカの市民にこの実態を伝えなくては」という使命だった。長年、果たせなかった責任を今度こそ果たそうという気持ちで制作に向かった。

まずは、この映画制作における私たちの基本的な姿勢を反映した『沖縄　1944―

沖縄師範健児の塔を訪れるジャン・ユンカーマン氏（左）と大田昌秀氏
＝2013年8月、糸満市（シグロ提供）

２０１４』という仮題で計画を開始した。第一に、１９４４年夏に本格的な日本軍が到着して以来、軍隊が途切れることなく70年間存在してきたということを強調した。第二として、沖縄戦とそれがもたらしたものを注意深く調べていくことなしには、現在の米軍基地の状況や長く続いてきた沖縄の人々の運動を理解することはできないと考えた。

私たちは、沖縄戦を生き抜いた沖縄、日本、米国の人々のインタビューを通じ、その人たちの心の中には共通したトラウマがいかに鮮明に残っているかを知った。嘉数高台（かかずたかだい）、大名（おおな）、摩文仁といった戦闘地を訪ね、１００時間以上に及ぶ記録映像を観るにつけ、私たちの沖縄の地形を見る目は変わっていった。このような狭い帯状の土地でこれだけのおびただしい人命が奪われたのだ。

その事実がリアルに体内に入ってきて、私の心臓を引き裂いた。6月23日、慰霊の日に撮影を行なったときにわかったことは、戦争を記憶する行事は「平和の礎」や「魂魄の塔」だけではなく、この島の隅々にまで、小さな村や集落でも行なわれていたことだ。

基地を囲むフェンスが闘いの場に

その後この映画の2番目の仮題は『Ｆｅｎｃｅｓ』となった。基地を囲むフェンスの数々は、継続する米軍による占領の物理的表れであり、もちろん避けて通れるものではない。これらのフェンスはまた、戦争の文化と軍隊の権力が支配する米国の領域と、平和と礼節の文化が行き渡る沖縄の領域を分ける境界線でもある。しかし同時にこれらのフェンスは闘いの場にもなってきている——普天間基地の野嵩(のだけ)ゲートで抗議のテープを結び付ける行動と、明白な「この土地、この空は私たちのもの!」という主張とともに。

そして映画の仮題はさらに変遷し、3番目の仮題は『戦利品』となった。米軍にとって沖縄の基地とはまさしく戦利品であり、記録映像を見れば証拠はいくらでもある。沖縄侵攻直後に土木機械が大量に積み下ろされ、飛行場を造るために集落が破壊された。１９４５年末までには飛行場が10カ所もできた。

そのほとんどは数十年にわたり居座り、いくつかは現在も使用されている。戦利品と思っていなければ外国の占領地の基地に「デール・ハンセン」「アルバート・シュワブ」「エルバート・キンザー」といった沖縄戦で死んだ「英雄」の名を付けたりするはずがない。米軍がこれらの「戦利品」を好きに使う権利を有すると思っていなければ、地位協定で定められているように必要のなくなった土地はとっくの昔に返還していたであろう。

この映画は大きく三部に分かれており、その一つが「凌辱」という部である。チビチリガマの「集団自決」(強制集団死)に始まり、皇国思想による沖縄住民の精神的凌辱を描いている。このセクションでは、米軍の存在にはつきものである性暴力のまん延についても扱う。しかし「凌辱」という言葉にはより大きな意味もある。この映画で安里英子(あさとえいこ)氏が「沖縄そのものが凌辱されている、大きく言えば。今の基地問題だって、当たり前の人間として扱われていない」と言うように。

この映画を制作するにつれて見えてきたことは、辺野古の問題の根源には、この米国にとっての「戦利品」という理解と、日本の沖縄に対する差別が相互に強化し合う形で存在するということだ。日沖、米沖間の関係のこのような性質がなければ、沖縄にさらにもう一つの基地を造るなど考えつきもしないだろう。このような言語道断の計画は、他に解釈のしようがない。

「これはおかしい」という思い

沖縄では、このような扱いに対する静かで確固たる怒りが反対運動の原動力となってきている。不利な闘いを強いられているにもかかわらず、この運動が拡大してきているのは、このような不当な扱いに対する認識が広まってきているからであろう。同時に、私はこの運動に浸透している希望というものに深い感動を覚えている。これは米国の公民権運動を思い起こさせるものであり、公民権運動と同様、最後には人間性と平等が不正義に打ち克つという確信によって支えられてきている。

映画の最後の方で、知花昌一（ちばなしょういち）氏がこう語る。「必ず人間には『これはおかしい』とか『なくそう』という思いがある。そういう人たちが増え続ければその状況は必ず改善できると思う。そういう期待を僕らはしています」

映画制作も最後の週となったとき、私たちはこのような希望の感覚というものを伝えるタイトルを選んだ。渡嘉敷（とかしき）に住む小嶺基子氏が詠んだもので、映画にも登場する短歌「うりずんの　雨は血の雨　涙雨　礎の魂　呼び起こす雨」からとったものである。

２０１５年６月23日、70周年の慰霊の日に私は、この短歌の言葉一つ一つを胸に刻みたいと思う。

（２０１５年６月17日）

◎編者から一言

私は『映画日本国憲法』以来のジャンのファンだ。非戦憲法の歴史的意義を英語で伝える初めての作品である。ここカナダでも何度も上映会をして「9条の会」への理解を広めた。長く日本に住んだ見識と語学力を生かし、深い洞察力をもって日本や沖縄の戦争記憶を、インタビューを通じて描き出す。2013年、オリバー・ストーンが沖縄に来たとき、「沖縄についての映画を作って」との期待の声がたくさんあった。もちろん私もそう願ったけれど、それを聞くたびに「沖縄の映画を米国人が作るのならジャン・ユンカーマンほど適任はいないし、現に彼はいま映画を作っている」と伝えたくなった。2015年『沖縄　うりずんの雨』は封切られ、沖縄の桜坂劇場でのプレミア上映に行く幸運を得た。観客に緊張が走ったのは、1995年の少女暴行事件の3人の犯人の一人がインタビューされていたシーンだった。辺りは水を打ったように静まり返った。上映後、このシーンは必要だったのかとの疑問の声も聞こえた。沖縄においては不必要にトラウマを呼び起こすものだったのかもしれない。しかしこの映画は米国人のジャンが米国人対象に、自国が沖縄にもたらしてきた惨禍を伝える映画だ。その目的においては、このシーンほど米国人の観客に「在外基地の暴力」を知らしめるものはないと思う。この映画には沖縄戦の元日本兵も登場する。加害をしてしまった者の苦悩を敢えて見せることによって、戦争および戦争装置としての基地を絶対否定するジャンの使命感が伝わってくる。

ジャン・ユンカーマン（John Junkerman）

日米を拠点に活動する映画監督。1952年、米国ミルウォーキー生まれ。画家の丸木位里・俊夫妻を取材した『劫火─ヒロシマからの旅─』（86年）は米国アカデミー賞記録映画部門ノミネート。『沖縄　うりずんの雨』は沖縄・桜坂劇場、東京・岩波ホールで2015年公開した。国際映画祭や劇場公開など世界展開も目指す。

恥ずべき沖縄人への仕打ち

米国との距離克服を

アメリカン大学准教授
デイビッド・バイン

私は2011年「ひめゆり平和祈念資料館」を訪れたとき、うたた寝してしまうという失態を演じてしまった。私の大学の学生グループが米軍基地の影響を沖縄で学ぶ旅行の引率をしており、そのときは元ひめゆり学徒隊の生存者が語る沖縄戦の体験に耳を傾けていた最中であった。

もちろん私が疲れていたことに理由はあった。米国から到着直後で時差ボケがあり、その日は多めの沖縄式昼食を食べたばかりだった。通訳を通していたので話も途切れ途切れになったということもあった。しかし私は悲しいことに、当初はその年配の女性の話に自分の心をつなげることが難しいと感じていたのだ。

そして残念なことに、多くの米国人にとって第2次世界大

ヘリパッド問題の説明を聞くアメリカン大学の学生たち
＝2010年12月25日、東村高江

戦における沖縄の人々の体験に共感することは難しいと思う。米国では70年前に起こった沖縄戦や、沖縄戦で沖縄の人々が受けた被害のことを知っている人はほとんどいない。沖縄に私の国が30以上も軍事施設を持つことや、沖縄島の約20％が米軍によって占拠されていることもほとんど知らない。大半の米国人は何百もの米軍基地が他国の人々の土地にあることについて無関心でいる。

私は幸運にも、インド洋中央にあるチャゴス諸島から追放された人々とかかわる機会を２００１年に得たとき、沖縄を含む世界各地にある米軍基地のことを考えるきっかけを得たのである。チャゴス人は英国支配下にあったディエゴ・ガルシア島（チャゴス諸島の一つ）に米軍基地を造るために強制的に故郷を追われた。１９６８年と73年の間、米英の当局は住民の排除を画策し、チャゴス人を再定住援助もなしに西インド洋のモーリシャスとセイシェル諸島の波止場に置き去りにした。

強制退去以来、チャゴス人は深刻な貧困状態に置かれてきたが、自分たちの土地に戻るため、また正当な補償を受け取るための闘いに身を投じてきた。97年以来、チャゴス人は米国と英国の政府を相手どって訴訟を起こしてきている。２００１年にはその弁護団が私に、強制退去がチャゴス人に及ぼした影響を記録する仕事を依頼してきた。この調査が専門家報告書となり、Island of Shame: The Secret History of the U.S. Military Base on Diego Garcia（『恥辱の島――ディエゴ・ガルシア米軍基地の隠された歴史』、プリンストン大学出版、2009年）として書籍化された。

私がこの本のタイトルとして『Island of Shame（恥辱の島）』を選んだのは、実際に私の国がチャゴス人に対して行なったことと、いまだに帰還を許していないことに対して恥ずかしく思っているからだ。米国がその領土外に維持する約800の軍事基地の中でもこのような「恥辱の島々」は他にもあり、沖縄はそういった島々の一部である。チャゴス人と同様に、あまりにも多くの沖縄人が先祖代々の土地から退去させられた。そして全ての沖縄人が事実上、米軍の存在による影響――日々の騒音、環境破壊、事故や事件、経済や政治的発展への制約、1972年の前も後も続く沖縄の主権侵害――の影響を実感してきている。

「沖縄」を体験できた瞬間

私は、チャゴス人に対するものと同様に、私の政府と私の国による沖縄人への仕打ちを恥ずかしく思っている。そのような思いをもって、8月に出版した著書では、第2次世界大戦以来今日に至るまでの米国による沖縄占領について書いた。この本は沖縄の物語を伝え、世界中の米軍基地が地元の人々、地域の環境、そして米軍の人員やその家族にまで及ぼしている被害についてつづっている。その日本語訳の出版を願っている。

「ひめゆり平和祈念資料館」では、証言者が沖縄戦におけるガマの中でのぞっとするような状況の説明をし、学生リーダーの一人が通訳しながら泣き出してしまった。そのとき私は突然目が覚めた――そのときのショックで自分の認識は新境地に達したように感じた。沖縄に初めて来た自分としては距離を感じていた女性が、歴史も思い出も感情も持ち合わせた一人の人間として浮かび上がった。その瞬間、その人の話は、鮮明であまりにも痛ましい現実となって表れたのだ。私は突然こみ上げた涙で目がかすみ、この女性を自分の祖母として見ていた。実際にこの人は私の祖母であってもおかしくないのだ。祖母も戦争を生き抜いた人だ。ナチスドイツから逃れ、逃げ遅れた家族を失った。

「あの人たち」ではなく「私たち」という視点

もし、より多くの米国人が、私たちのような貴重な体験に恵まれたら――沖縄を訪れ、沖縄戦の体験を聴き、基地を回り、頭上を飛び交うヘリの音を耳で聞き、体で感じるような体験ができたら――普天間基地をはじめとする沖縄の基地を閉鎖し、辺野古のような新基地は中止し、海兵隊や他の軍隊も米国に帰還させるべきだと結論づける米国人は今よりもっともっと多く出てくるだろう。

しかし、ほとんどの米国人は残念ながら沖縄を訪問する機会がない。沖縄の米軍基地に反対する米国市民にとっての中心課題は、米国と沖縄の人々の生活の間に横たわる距離をいかに克服するかであろう。沖縄の1万5000人の海兵隊を米国ではなく沖縄に維持することで年間1億5000万から2億2500万ドル納税者の負担が増している可能性があることを知らせなければいけない（そして日本全体の基地と軍隊を維持するのに年間おそらくさらに10億ドルかかっている）。

と同時にわれわれは自分たちの基地が沖縄の人々にもたらす影響への共感を育む必要がある。歴史家アダム・ホックシールドは、社会正義を重んじる人間が共通して直面する課題は「近きものと遠きものの関連性を導き出す」ことだと言っている。チャゴスの闘いにおいて米国人に共感を抱かせるには、米英政府に対して「あの人たちを帰還させてほしい」ではなく「私たちを帰還させてほしい」と要求できるよう、つまり米国人が自分の問題と思えるように伝えることである。沖縄の闘いの場合も、私は同じ米国市民には、沖縄の被害は自分たちの基地によってもたらされたものだから自分たちの問題であるとの視点を持つように促すことだと思う。自分たちの祖母たちや祖父たちにかかわる問題なのだと。

（2015年7月13日）

◎編者から一言

沖縄で戦争被害者のおばあさんの話を聞きながら、ナチスの迫害に遭った自分の祖母と重なり涙する経験をした。戦争や基地の被害を自分の問題として考えてほしいとの想いがデイビッドの本『Base Nation』に込められているのだろう。この本はその後日本語に訳され、『米軍基地がやってきたこと』というタイトルで2016年に原書房から出た。この本によると、在外米軍基地は第2次世界大戦中に飛躍的に増え、終戦時には全世界に2000もの基地を持った。これが全人類史上で一国が持った基地数としては最大のものであったという。その後も敵国であったドイツや日本などに基地を置き続け、今も800以上の基地および「リリー・パッド」と呼ばれる小規模の知られざる軍事拠点が無数にある。2017年10月、ニジェールで死んだ米国特殊部隊隊員の未亡人にトランプ大統領が失礼なことを言った騒ぎになったとき多くのアメリカ人が「米軍は一体ニジェールで何をやっているのか?」との疑問を持った。議会の承認もなく米国の大衆も知らないところで米軍は「テロとの戦い」の次の主要戦場はアフリカになるとの目論見で大陸各地に特殊部隊を配備している。デイビッドは本出版後、米国公共ラジオのインタビューに答え、「米国の外国への関与の手段として軍事力を使っている。これを外交に変えていくような根本的変革が必要だ」と強調した。2018年初頭、米国の16平和運動団体が合同で「米国在外基地に反対する連合 Coalition Against U.S. Foreign Military Bases」を立ち上げ、国際連帯を求めている。

デイビッド・バイン（David Vine）

アメリカン大学（ワシントンDC）人類学准教授。専門は米国の外交軍事政策、基地、強制移住、人権問題等。2015年8月に『Base Nation: How U.S. Military Bases Abroad Harm America and the World（基地の国―在外米軍基地がいかに米国と世界に危害をもたらしているか）』を出版した。

島嶼連携で平和持続を

影響広がる沖縄の闘い

ジャーナリスト　クーハン・パーク

権力は帝国の中心ではなく、その周縁に存在するものである。このことを私は１９７０年代、グアムで子どもの頃に知った。ニクソン大統領は爆撃作戦を否定していたが、空を見上げれば、規則的にＢ52爆撃機が飛んでいた。だれかが日常的に爆撃を受けていたのである。数年後、これがいわゆる「カンボジアの秘密爆撃作戦」であったことがわかった。ニクソンは議会や一般国民には知らせずにこの作戦を指令したのである。

今にして思えば恥ずかしいが、当時は自分の住むちっぽけな島を起点に起こったことが注目を浴びて、多少わくわくした。そうでもなければ通常は見向きもされない島だ。それでも私たちの故郷は世界における鍼治療のツボのようなもので、帝国の存在がそれに懸かっていた。グアムはその不可視性において、絶大な力を及ぼしていたのである。これが「戦略的島々」の現実だ。

軍事的見地からは、戦略的な島と従順な地元住民の組み合わせほど最高のものはない。だ

「命と平和のための大行進」で。（右から）オリバー・ストーン氏、カン・ドンギュン村長（当時）、クーハン・パーク氏、チェ・ソンヒ氏＝2013年8月、韓国・済州島

から最近までグアムは、ペンタゴンお気に入りの愛人のような存在だった。私が以前出席した軍関係者のプレゼンでは、グアムを軍事基地とする三つの理由として（1）米国領（2）戦略的立地（3）地元住民の歓迎——を挙げていた。帝国の権力は被支配者の沈黙に依存している。

しかし、2010年、グアムに前例のないことが起こった。平和的に、かつ容赦なく自らの土地と海と民主主義を返すよう要求し続ける沖縄からインスピレーションを受け、人々は「地域安全保障」という名目の下の破壊行為に「もうたくさんだ！」と立ち上がった。「再編実施のための日米ロードマップ」では、辺野古に新基地を造り、8600人の海兵隊とその家族を沖縄から、すでに混み合っているグアムに移転させるという計画だった。

グアムのジャングルと湿地帯の何千エーカーもがコンクリートで覆われてしまう。アプラ湾では、110の固有種が生息するサンゴ礁71エーカー（28・7ヘクタール）もが浚渫され、原子力空母の接岸埠頭が建設される計画だ。先住民のチャモロ族の人々、特に米軍に勤務した経験のある人々にとって、ペンタゴンが無分別に自分たちの土地を破壊することが耐え難かった。米国占領下で初めて、グアムの先住民たちは従順ではなくなったのである。

三大「平和のホットスポット」

沖縄はグアム以外の島々の抵抗にも影響を与えている。韓国済州島では、ユネスコが生物圏保存地域とした場所に政府がイージス艦対応の海軍基地を造ろうとしている。この基地はペンタゴンの「太平洋基軸」政策に仕える米軍とその属国の基地ネットワークの一端を担う。主要な請負業者であるサムソンはすでに沿岸湿地帯を爆破した。コンクリートの土台と組織構造はすでに配置されている。希少で生物多様性に富む岩礁は浚渫され、巨大なコンクリートブロックに取って代わられている。それぞれは何階建てもの高さだ。

それでもなお過去8年間、農民、神父や修道女、学生などが毎日セメントを積んだトラックを自らの体で阻止し、逮捕されてきている。このような抗議活動と、それによって生じた作業遅延がなければ工事は2015年末に終わっていたであろう。

済州島基地反対の運動家たちは自らと沖縄をいろいろな意味で重ねている。基地建設が進む江汀(カンジョン)村前村長のカン・ドンギュンは、自らの島に加え沖縄と台湾を挙げ、アジア太平洋の三大「平和のホットスポット」と呼んでいる。この三つの地で正義と民主主義が勝利を収めれば、地域全体に平和が広がるであろうと。これと真っ向から対立するのがペンタゴンの論理である。これらの島々を単なる武力攻撃——この場合は中国に向けて配備されたミサイルという形を取る——の投射ポイントとしてしか見ていないのだ。

島々はつながっている

数年前から毎年秋、済州島の運動家たちは「海のための平和(Peace for sea)国際キャンプ」を開催してきている。世界中の運動家たちが集まり、それぞれの体験を持ちよって、結束を強めている。例年は江汀村で行なうが、2015年は辺野古の近くで行なった。私は出席する予定でおり、美しい離島の与那国島にも行くつもりだ。そこでも日本政府は戦争と米国の覇権を受け入れるための基地を造ろうとしている。

アジア太平洋の島々の相互関連性の一例として、11、13、16年に開かれた「モアナ・ヌイ会議」で築かれるような連帯がある。この会議の世界観はトンガ人の作家、故エペリ・ハウオファによるエッセー「Our Sea of Islands」に基づいている。ハウオファは、太平洋諸島は断絶しているのではなく、海の「スーパーハイウエー」によってつながっていると心に描いた。巨大な海洋に、取るに足らない島々が孤立しているという陸地的視点に、「青い大陸」という海洋的視点を対比させた。

ハウオファはさらに、島に住む人々にとっての持続可能性の基礎は健康な岩礁、海岸、水路である、と語った。島の人間は地球における海洋の保護者であると考えていた。だから私たちは、大浦湾だろうが、アプラ湾だろうが、済州島の南岸であろうが、「海の宝石」、すなわち島を守るためにたゆまぬ闘いを続けるのだ。

現在の状況では、私たちは「人々の太平洋」は実現できないと教えられている。独立した島嶼国が散在しているだけでは弱すぎて、生き残れないと。聞き飽きたような説教が響き渡る――「象がけんかしていようと愛し合っていようと、アリは踏みつぶされるのだ」と。

しかし、アリの力はその組織力と団結力だということを忘れてはいけない。アリがその優れたコミュニケーション能力を使って組織するとき、文字通り山だって動かせるのだ。島嶼間の連帯を通じてこそ、持続する平和と真の安全を勝ち取ることができるのである。

（2015年8月3日）

◎編者から一言

韓国とグアムで幼少期を過ごし、今はハワイを拠点とするクーハンによる「権力は帝国の中心地ではなくその周辺に存在する」という言葉は説得力を持つ。どれも米国に主権を奪われ軍事植民地化されてきた地域だ。2017年10月18日、彼女の住むハワイ州ハワイ郡議会で「朝鮮半島の緊張を緩和するために米国は平和的で外交的な解決法を探るように」との「決議案363―17」が審議された。そこで住民の一人として証言したのがクーハンだ。彼女は朝鮮戦争で家を失い難民となり、のちに米国に移住して初めてのコリア系アメリカ人弁護士となった父親のことに触れながら、「9歳のとき両親に連れられて広島の平和博物館に行き、自分ぐらいの小さな女の子が遊んでいるときに一瞬にして消滅してしまったことを知り、人生を変えるほどのインパクトがあった」と語り、「核の冬」が起こる核戦争を絶対に起こしてはいけない、と訴えた。決議案は全会一致で通過した。クーハンは「島嶼間の連帯」を強調する。沖縄の海兵隊4000人がグアムに移転する計画が進んでいるが、クーハンがここに書くようにグアムでも反対している人たちがいる。2018年1月末、チャモロの聖地を守ろうと闘うグアムの女性3人が沖縄に連帯行動に来た。「基地のたらい回しではいけない」との考えから共に「人々の太平洋」を創るための意思表示である。

クーハン・パーク（Koohan Paik）

ハワイ拠点のジャーナリスト、映像作家。韓国とグアムで幼少期を過ごす。軍事主義が社会と環境に与える影響について『プログレッシブ』や『ネーション』誌などに幅広く執筆。共著に『スーパーフェリー・クロニクル―軍事主義、商業主義、地球の冒瀆に対するハワイの蜂起』（Koa 出版、2008年）。

圧政への健全な主張

これ以上基地は造るな

映画監督　オリバー・ストーン
アメリカン大学教授　ピーター・カズニック

2人で沖縄を訪問して2年がたち、第2次世界大戦終結後70年を迎える。沖縄では戦争ゆかりの地を訪ねた。米国で育って、太平洋諸島での数々の戦いについては聞いていたが、沖縄戦については十分に知らず、硫黄島の戦いのさらに規模の大きいものといった認識だった。しかし沖縄戦の実相を知って、理解が変わった。沖縄戦は何万人もの民間人が巻き込まれ、残虐な殺され方をしたという点において、硫黄島とは質的に異なるものだ。多くの米国人はこういうことは知らない。

沖縄戦では1万人以上の米兵も倒れた。米国にとって沖縄は「血であがなった土地」という見方があるようだが、米軍が沖縄を占領したのは戦略的・地政学的な理由で沖縄が欲しかったからであり、どれだけ血が流れたかは関係ないと思う。

普天間飛行場を視察する（左から）オリバー・ストーン氏、ピーター・カズニック氏
＝2013年8月13日、宜野湾市の沖縄国際大学

実際、米軍は戦略のためならどれだけ血が流れるかなどお構いなしだ。ジョージ・マーシャルは米軍指導部の中でも穏健な方とされていたが、それでも1941年11月、真珠湾攻撃の前の時点で対日本戦を予想し「空飛ぶ要塞が直ちに派遣され、紙でできている都市から都市に火を放つのだ。民間人を爆撃することに躊躇などない。総力戦なのだ」と言っていた。

米国は対独戦の場合とは異なり、日本との戦争を望んでいたわけではなかった。真珠湾攻撃がなかったら対日本戦は行なわなかったであろう。米国兵士は太平洋戦争を勇敢に戦って勝利した。日本の敗戦において原爆に焦点を置くことにより、この米国人兵士の功績の影が薄くなってしまったということは２０１３年の来日でも話した。しかし同時に、米国はマーシャルが予告したように日本中１００都市の空襲によって民間人を殺した。「よい戦争」があったとしたら米国にとって第2次世界大戦が「よい」と言うのに値する戦争ではあっただろう。自分たちがファシズムと戦う「正しい」側にいたのだから。しかし実際の戦いでは、罪のない女性や子どもも殺したのだから、褒められたものではなかった。だから「よい戦争」などないと言っているのだ。

原爆についても、ニューメキシコに各国の代表を招いて眼前でデモンストレーションを行なうという提案があった。しかし実際、米国は原爆を使ったとき、意図的に民間人の上に落とすことを選んだ。より劇的で見応えのあるデモンストレーションになると思ったからだ。

安倍首相の存在自体が被爆者への冒瀆

その原爆から70年がたった。私たちは２０１３年にともに参加し、カズニックは20年前から広島・長崎の式典に学生とともに参加してきている。70周年の広島の式典は心乱されるものであった。安倍晋三首相が来たことだ。被爆者が「もう二度と戦争は起こさない」と言っているそばで、彼は日本の若者が遺体袋で戻ってくるようになる準備をしている人間だ。軍事費増大、武器製造輸出、中国敵視、歴史教科書修正といった一連の右翼的政策を推し進めている。

この男は原爆70周年の広島に何をしに来たのか。最もこの場にいてはいけない人間だ。この男の存在自体、その吸う息、吐く息一つ一つが、平和と核廃絶を訴える被爆者への冒瀆だ。式典では安倍首相の演説の際、安保法制に反対するプラカードを掲げている人がいた。退場の際は会場中に抗議の声が鳴り響いた。カズニックは過去20年間広島の式典に出てきたが、このような抗議行動を見るのは初めてだ。

沖縄の70周年「慰霊の日」でも安倍首相に怒りの声がかなり飛んだと聞いている。2013年の夏、沖縄を訪ね、大浦湾を船で回り、この大規模埋め立て計画がいかに恥ずべきものかを実感した。その後仲井眞知事が、辺野古基地建設のための埋め立て承認を行なったことを受け、私たちは仲間とともに、これは民意に背いたものであるとの声明を出した（2014年1月）。そして2014年末、新基地反対を訴える翁長知事が誕生したが、現在、前知事の承認に基づいて、埋め立てへの手続きが進められている。

しかし見通しが真っ暗ということでは全然ない。米側にも、これだけ沖縄の人々が強く反対している中、日本政府はこの新基地を沖縄に強要することはできないのではないかとの懸念がある。沖縄では、市民による、占領者の圧政に対する民主主義的権利への健全な主張が行なわれてきている。

と同時に、市民側も、権力に対し寛容であってはいけない。私たちはこれまで政治家が民意に背くのを嫌というほど見てきた。自分たちの意思の表明さえすれば、あとは政治家がその通りに動いてくれると素朴に信じていていいということではない。

そして何よりも、米軍は戦後70年、冷戦後25年も居座っている沖縄から撤退すべきである。これ以上基地を造らせるなどあってはならないことだ。

捨てるべきは憲法ではなく安保

安倍首相は今、防御態勢に入っている。安保法制への反対は膨れ上がっている。沖縄だけでなく日本全体で安倍首相の軍事主義的政策に反対しているのだ。安倍はこれを自分のためにやっているのか、米国の主人たちのためにやっているのか。

安倍首相は米国と複雑な関係にある。一方では日本を誇り高い独立した国にしたいと思いながら、もう一方では強がりながらも米国に対して非常に依存している。尖閣については、オバマ大統領は日中のうちどちらが正しいかは言わないが、何かあったら日本を助けると言っている。それを受けて日本は中国に対して強気の姿勢だ。しかし実際は臆病なのだ。けんかになっても兄貴分である米国を連れてくれればいいと思っている。

日本が本当に誇り高き独立した国になりたいのなら米国の核の傘から出るべきだし、米国の基地を撤去させるべきだ。今、憲法が捨てられようとしているが、捨てるべきは日米安保条約であり、憲法ではない。

自分たちにとっての「正義への責任」とは、一人は映画監督、一人は歴史家として、一人でも多くの人たちに歴史の真実を批判的立場から知らせ、米帝国の権力構造が過去125年間どのように機能してきたかを暴き、この帝国にあらがい、戦争に反対することだ。

この世界では最富裕層80人の持つ富が貧困層の35億人の分を合わせたものに匹敵するという。これは許しがたい不正義だ。米国では平均的な黒人の家庭は白人の家庭の持つ資産の16分の1しか持たない。驚くべき事実だ。

私たちが住む世界は必要のない苦しみがあまりにも多い。ある人間が「正義への責任」を担わないでいられるにはよほど世界に対して目をつぶり、自分勝手な繭の中に閉じこもるようなことをしないといけない。自分たちにはその選択肢はない。「正義への責任」は、一部の例外的な人間が担うようなものではなく、感性や思いやりというものが少しでもある人間だったら、誰もが担うものではないか。

（2015年9月14日）

◎編者から一言

オリバー・ストーンの2013年の来日に同行した思い出のトップ3は①食べ物の好き嫌いの激しさ。懐石のコースのようなものはことごとく拒否し、寿司、ステーキ、といったわかりやすいものを喜んで食べた。沖縄ではもずく酢を気に入ってあまり美味しそうに食べるので同席していた私たちも自分たちの分をあげた。本当に子どもみたい。②長崎の「岡まさはる記念平和資料館」への思い入れ。日本の加害の歴史を綴る資料館に大変感心して「このような場所こそ東京にあるべきだ」としきりに言っていた。③広島に降り立ったとき「私は68年前ここにいた」という意味深な発言をした。詳しくはオリバー、ピーター、私の共著の金曜日刊『よし、戦争について話をしよう。戦争の本質について話をしようじゃないか！』（2014年）をぜひ読んでほしい。この記事を読んで、2015年の夏が蘇ってきた。日本中で安倍政権による戦争法制への反対の声が吹き荒れていた。安倍首相に激しいブーイングがあった広島の8月6日の式典は、戦争法制が衆院を通過した後で、参院審議の前であったことからも危機感は頂点に達していた。ピーターがここで言う、広島式典で安倍首相に対し「安保法制に反対するプラカードを掲げている

オリバー・ストーン（Oliver Stone）

映画監督。ベトナム戦争従軍経験を基にした『プラトーン』『7月4日に生まれて』はそれぞれアカデミー賞監督賞を受賞。2016年、内部告発者・元CIA職員エドワード・スノーデン氏をテーマにした映画『スノーデン』を公開した。

人」は私のことである。私だけではなかったが。係員が飛んできて「下げてください」と何度も言われたが、私が逆に「法的根拠は何ですか」と言っても答えられず、下げることはしなかった。後からきいたら、同様の行動をして退場させられた人もいたという。私は外国人席にいたので引きずり出すわけにはいかなかったのかもしれない。周囲の外国人参列者は何人もが話しかけてきて「誇りに思う」と言ってくれた。退場すべきは、戦争法制を推進しながら被爆者の前に立つ安倍首相ではなかったか。

オリバーは映画『スノーデン』(２０１６年)の後、ウクライナ紛争について『ウクライナ・オン・ファイアー』というドキュメンタリーを発表、ロシアのウラジミール・プーチン大統領の独占インタビューシリーズ『ザ・プーチン・インタビュー』というTVドキュメンタリーシリーズ放映と同名の本を出版(２０１７年)した。どちらの作品も、プーチンを悪者にしたがる西側のメディアで物議を醸している。ピーターは『もうひとつのアメリカ史』をきっかけに世界中に講演で呼ばれるようになった。現在は同作第二版のための加筆、マンガ版の監修で忙しくしている。自国を愛せばこその帝国批判を続けるこの二人に注目し続けたい。

ピーター・カズニック(Peter Kuznick)

アメリカン大学歴史学教授。1995年以来同大学の学生を引率して広島・長崎への旅を続けている。オリバー・ストーン氏との共作に『オリバー・ストーンが語るもうひとつのアメリカ史』(早川書房)。

沖縄の願い尊重できず

日本の「共同防衛」に固執

ジャーナリスト　ジョン・レットマン

私は１９９０年代に通算９年間関西地方に住んだ。私にとっての沖縄は、米軍が多くいることは知っているものの遠い存在だった。一度だけ休暇で宮古に行ったのも、実は米軍がいない場所だったからだ。当時はあまり考えていなかった。

しかし、その後ハワイに引っ越し、ハワイにおける米軍の大きな存在を実感したことがきっかけで、グアム、沖縄、日本、韓国、フィリピンといったアジア太平洋全域における米軍について学ぶようになった。そして米国の国防と外交政策が世界中にもたらしている不正義を明確に意識するようになった。

ハワイは沖縄と同様、大きな勢力に強制的に占領され軍事化された場所だ。しかし私が住むカウアイ島にある米軍施設は一つだけ、「パシフィック試射場」と呼ばれる海軍施設である。島の一番西端に、バイオテクノロジー会社が経営する農場に隠されたように位置している。

しかし、沖縄では状況が違う。それを自分自身の目で確かめたくて、２０１５年初頭、６

月の沖縄行きの航空券を予約し、沖縄の歴史や現状の勉強を始めた。

Ｇｏｏｇｌｅマップを使って沖縄の地形を調べるにつけ、おかしいことに気付いた――沖縄島のかなりの部分にグレーの色がかかっていて、道路や標識など何の記載もなかったのだ。当然ながらこの「グレー地帯」は米軍管轄区域のため、詳細が割愛されていたのだ。

キャンプ・シュワブ前で取材するジョン・レットマン氏（左）＝2015年6月、名護市辺野古（高嶺朝太氏撮影）

那覇に着いた途端、私は写真家の東松照明氏が「沖縄に基地があるのではなく基地の中に沖縄がある」と言っていた意味がわかった。どこを見ても何マイルも続くフェンスが島を分断していた。その日、建築家の真喜志好一氏が普天間基地を外から見せてくれた。最初は嘉数高台公園から、そして真喜志氏自身が設計した佐喜眞美術館の屋上から。混み合う宜野湾市街のグレーと、フェンスを隔てた基地内に生い茂る熱帯のグリーンの対比に強烈な印象を受けた。

翌日、私は海兵隊報道部の担当官の案内で普天間基地とキャンプ・フォスターを回った。彼は人当たりが良く、海兵隊の広報官としての役割を完璧に果たしていた。一緒に過ごした4時間の間ずっと彼は「危機と偶発事件」への対応や、フィリピン、ネパールといった場所での人道援助・災害救助活動の話ばかりしていた。MV22オスプレイについてはその「救命能力」を称賛していた。

「ヘルパー」だという意識

何百もの地域交流活動から「地域の安定」と「侵略者からの防衛」まで、彼の言わんとしていたことは、米軍が日本と沖縄にいるのは「プロテクター」（守る者）と「ヘルパー」（助ける者）としての役割を果たすためであるということだった。しかし、たとえば教師も医師も「ヘルパー」の存在だが、これらの職業の人たちは、3メートルもあるフェンスや鉄条網、監視カメラや武装した警備員に囲まれてはいない。

軍が自らを「ヘルパー」というイメージで捉えているのは、2016年の大統領選候補だった共和党強硬派のマイク・ハッカビーが、テレビ討論で露骨に「軍隊の目的は人殺しと破壊だ」と言った（それは割れんばかりの拍手を受けた）のと対照的である。

私は報道部担当官に、沖縄は好きかと訊いたら「イエス」と答えた。この島が大好きで、温かく歓迎してくれる島の人々も好きだと。それでは基地に反対している人々はどうか、と続けて訊いた。彼は、その人たちは少数派であり、主に反軍隊で偏っている地元の新聞を読んでいる年配の人々である、と答えた。彼によると、若い人たちはソーシャルメディアや新しいテクノロジーを使うためより多くの情報が入り、よりオープンマインドであるというのだ。

沖縄での最後の晩、北谷(ちゃたん)のアラハビーチ横のバーに行った。客層は圧倒的に若い海兵隊員だったが、自分がカウンターで話した相手は40歳ぐらい、キャンプ・ハンセン所属という。反対運動についてどう思うかと訊いたら、彼は「わかってる、言われなくともわかっている」と言った。

彼の様子から私が読み取ったのは、新基地への反対感情は理解できるが、だからといって「基地を造ってはいけない」とまでは言えないという姿勢だ。

米軍関係者がいかに「沖縄と沖縄の人々が大好きだ」と言っても、その好意的な気持ちが、米軍のくびきから解き放たれたいという沖縄の願いを尊重することに結び付かないのだ。その代わり彼らは日本の「共同防衛」にコミットすることに固執し、沖縄の人々がどれだけ声を上げようとも長期間反対し続けようとも沖縄を離れようとしないのである。

このように、米軍が沖縄に敬意を払っているようで同時に踏みにじっている様子は、蒸し暑いグレーな夏の日の空気のように、息苦しくなるものであった。

国境の外のことには不安になる米国民

沖縄における不正義を目撃した今、私の責任はジャーナリストとして、沖縄の現状を世界に、特に米国人に伝えていくことだ。米国では、高齢者は沖縄戦を覚えているかもしれないが大半の人は何も知らない。

来沖前、影響力のある米国メディアに沖縄のストーリーを書くことを持ち掛けたが門前払いされた。逆に強い関心を示したのが「アルジャジーラ・アメリカ」で、私の帰国後にＴＶクルーを追加派遣し、私の記事と組み合わせて放映した。現在も、私はハワイやカナダの媒体のために記事を準備している最中だ。

米国民の多くは自国の中では自信過剰で、国境の外のこととなるとひどく不安になる。公衆が信じ込まされていることとは裏腹に、米軍は外国に介入してその地の人たちに危害を加えてきており、それはもちろん沖縄だけではない。

私は、同じ米国人に、自らの視界の外で起こっていることに目を向けさせるのが自分の責任だと思っている。

（２０１５年10月２日）

◎編者から一言

米国の一大軍事植民地であるハワイ州の最北端、世界最大のミサイル試射場PMRFがあるカウアイ島を拠点として、ジョンはこの記事で宣言している、「米国人として沖縄の現状を米国人に伝えていく」という責任を、一歩一歩果たしている人だ。米国軍事主義を批判する独立ジャーナリストのジョンにとって、要人の取材を取り付けるのは容易ではない。それでも聞く耳を持ちそうなハワイ州の民主党連邦議員にアタックし続けている。2017年5月9日、一つのチャンスが訪れた。メイジー・ヒロノ上院議員がカウアイ島住民を対象に公聴会を開いたので、ジョンはマイクを握り「韓国、沖縄、日本にすでに82500人余の米兵がいる。それにもかかわらず韓国に最大級の基地を造り（ハンフリーズ基地のこと）、住民の圧倒的な反対にもかかわらず沖縄に新基地を造るのですか。すでに地域には150もの米軍基地があります。これ以上造るのは米国の人権と環境についての価値観と一致していると思いますか」と訊いた。上院軍事委員会に属するヒロノ議員はアフリカ、中東、北朝鮮などの紛争のある地域に触れ「自分たちは単独ではできない。（中略）これらの地域に強制しているわけではないのです。一般的に、来てほしいと言われるから行っているのですよ」。ヒロノ議員は沖縄訪米団が行っても比較的耳を傾けてくれる議員である。沖縄の人を前にこれを言わないだろうが、相手はハワイの住民だと思ってこのような逃げ口上を使うのだろう。民主党の良心的とされている議員でさえこれなのだ。つくづく米国は、戦争という基礎の上に造られている国家だと思う。

ジョン・レットマン（Jon Letman）

ハワイ在住のジャーナリスト。アジア太平洋地域の政治や環境問題、特に軍事主義が人間と自然社会にもたらす影響に焦点を当てて取材活動を行なってきた。『アルジャジーラ』『ハフィントン・ポスト』『フォーリン・ポリシー・イン・フォーカス』等に執筆している。

平和望む姿 世界に発信

豊かな精神表現に未来

作家 ロジャー・パルバース

私が初めて沖縄に行ったのは1977年12月だった。那覇で数日過ごした後、鳩間島（はとまじま）にひと月ほど滞在した。当時この島の人口はたった45人程度だった。

私はブラザーの携帯タイプライターを持ち込み、初めての小説『ウラシマ・タロウの死』を書いた。日本語訳は80年新潮社より出版、1年後に英語版がオーストラリアで出た。

原稿をタイプしたり修正したりする合間に、私は島中を歩き回り（1平方キロぐらいの島ではそれほど真剣にハイキングするというわけではなかったが）、真冬ではあったが、まばゆいばかりの澄んだ海でエイを含むさまざまな魚類に囲まれて泳いだ。実際、泊めてもらっていた家の人たちが出してくれたみそ汁の中には地元のエイのヒレが入っていたこともあった。中でも、星の形をした無数の小さな殻が海底一面を覆っている光景には目を奪われた。「星砂」を見たのは生まれて初めてであった。

鳩間島での滞在は忘れられない印象を残し、この島を舞台にした小説をいつの日か必ず書

沖縄全戦没者追悼式で「みるく世がやゆら」を朗読する知念捷さん
＝2015年6月23日午後、糸満市摩文仁の平和祈念公園

きたいと自らに誓った。

1982年、クック諸島のラロトンガ島に行ったとき鳩間島での美しく静かな日々を懐かしく思い出した。ラロトンガ島は南半球にあるが、赤道からの距離はほぼ鳩間島と一緒だ。私がラロトンガ島に行ったのは『戦場のメリークリスマス』撮影で大島渚監督の助監督を務めたからだ。行ったのは8月、南半球では真冬の時期だった。そのとき鳩間島を思い出した。気候が似ていたからだけではない。

鳩間島の住民は、米軍による空襲や、日本軍による西表島(いりおもてじま)への強制移動で戦争マラリアの被害を受けたが、島自体は沖縄本島ほどの戦禍に巻き込まれていなかった。鳩間島は、ラロトンガ島と同じように、太平洋戦争においては侵略を免れている。

2015年、鳩間島を舞台にした『星砂物語』という小説を出した。これは二人の脱走兵——一人は日本人、一人は米国人——が1945年4月、鳩間島の洞窟で一緒に生活することになったという設定の物語だ。彼らはもう二度と人殺しはしないと約束する。『星砂物語』は、一種のミステリー小説だが、そのミステリーのカギを握っているのは、二人の脱走兵の間に立っている16歳の少女洋海である。

17歳の高校生の詩

私が思うに、全ての人が絶対に暴力を放棄すると決意することが、日本だけでなく人類全体を救うことになる。暴力的な夫が妻や子どもたちを殴るとき、それは当然犯罪になる。これと同じ判断が、民族間や国家間の暴力にも適用されるべきだ。

明治政府がその主たる目的の一つとして採用したのは、アジアにおける帝国の地位の獲得であった。この政策を正当化するために選んだスローガンが「富国強兵」である。この政策こそが、日本が暗黒のらせん階段を少しずつ降下し、結果的に戦争という地獄を招いたことは周知の事実であろう。

安倍晋三首相指揮下の現政府は、再びこの富国強兵政策の轍を踏んでいる。この政策が日本をかつて来た道――軍靴の音が鳴り響く道――に導いていくことは明らかだ。

最近私は素晴らしい詩を翻訳する幸運に恵まれ、『毎日新聞』の英字紙に掲載された。17歳の高校生の知念捷（ちねんまさる）さんによる「みるく世がやゆら」である。この詩は、戦争の残忍さを決して忘れてはいけないことを見事に表現していた。この詩を読み、訳したとき、私は沖縄の人々がその心とその手で記憶と良心を保持していると強く感じた。

知念さんの平和の詩を読んで、沖縄の人々が文化を愛し、誠実に平和を望む姿こそが、日本が世界に対して示すべき真のメッセージであると確信した。安倍首相は21世紀の日本を体現する人間ではない。彼が体現しているのは、20世紀前半に誤った道を進みアジア太平洋に侵略した日本である。

「富国強兵」ではなく、「富国強芸」

沖縄からの平和のメッセージは「富国強兵」ではなく、「富国強芸」である。日本の将来は、兵器を拡散し軍靴を履くことにはない。その将来は、芸術と文化を通した豊かな精神の表現にある。

知念さんはこの詩での琉球人が詠んだ琉歌「やまち　みるく世ややがて……」を引用した。私はその美しくて知恵に富んだ言葉を読んだ時、『星砂物語』の舞台を鳩間島にしてよかったと思った。

今、世界中の目が沖縄に注がれている。沖縄の人々が選び取る道が、世界に勇気を与えていくであろう。

（２０１５年10月16日）

◎編者から一言

ロジャーの名前を知ったのは、個人的に知り合うずっと前、2006年だった。私の住むバンクーバーで「世界平和フォーラム」が開かれ、その一環として井上ひさし作の『父と暮らせば』の英語版の朗読上映をプロデュースした。原爆で希望を失った娘の前に死んだ父が現れるという設定の二人芝居だ。その戯曲の英語の翻訳者がロジャーだったのだ。その後『アジア太平洋ジャーナル』の書き手仲間として知り合い、寄稿してもらうことになった。ロジャーの小説『星砂物語』を読んだとき、16歳の日系アメリカ人の女の子が闘うことをやめた日米の脱走兵と離島で不思議な遭遇をするという、一見奇異とも思える設定に興味をそそられた。あらゆる意味で「個」が否定される「戦争」という設定の中での「個」の出会い——友情と愛が芽生え、その後その「個」のつながりが、「個」を否定する者によって残酷にも遮断されてしまう物語だ。小説は同名で映画化され、音楽は坂本龍一が担当、2017年6月沖縄での先行上映を皮切りに、全国各地で上映されている。ロジャーは、大島渚監督（故人）の言葉を教えてくれた——「敵国のことを平等に描かない戦争映画は、決して反戦映画とは呼べない」。この大島監督のメッセージが、ロジャーが『星砂物語』を書くときにも生きていたという。

ロジャー・パルバース (Roger Pulvers)

1944年米国生まれ。作家／劇作家／演出家。67年初めて日本の土を踏んで以来ほぼ半世紀を日本で過ごす。著書に『もし、日本という国がなかったら』『ハーフ』『星砂物語』『英語で読む啄木』など多数。宮沢賢治の作品の英語翻訳にも数多く携わり、その功績から第18回宮沢賢治賞（2008年）、第19回野間文芸翻訳賞（13年）、第9回井上靖賞（15年）を受賞。

ファシズム拡大 抵抗を

必要な反基地の連帯

平和運動家 崔誠希

果てしなく続く基地――。この夏、初めて沖縄に行ったときの第一印象だった。空と海の胸を打つ青は、デイゴの花の赤と相まってひときわ精彩を放っていた。ここには親切で朗らかで、人間らしさに満ちた人々がいる。しかしこの美しい沖縄島は、醜い米軍基地によりばらばらに引き裂かれていた。

済州島も同じで、軍の存在で息苦しくなる環境だ。ミサイル防衛システムを中心とした強固な米韓日軍事同盟が築かれているとき、この3国の基地を区別することの意味などなくなる。米国の戦略下では全ての基地は関連している。

米国外にある基地が「米軍基地」という位置づけでなくとも、地元住民の反対を鎮めるためにそう言うだけであり、米軍が利用できることには変わりはない。その上米軍はいわゆる同盟国に基地のコスト負担を転嫁できるというメリットもあるのだ。

9月16日、初めてイージス駆逐艦が、桟橋接岸試験という名目で江汀村の海に入った。こ

基地建設のブルドーザーの前に横たわる崔誠希氏
＝2011年5月、韓国・済州島江汀村（チョ・ソンボン氏提供）

れは日本で、市民の大半が反対する中、参議院で戦争法案が採決された日のわずか3日前であった。韓国政府は江汀村住民の圧倒的な反対にもかかわらず、「国家安全保障」の名目で済州島における海軍基地建設を強行した。2007年8月の住民投票では有権者の70％が投票し、そのうち94％が基地建設反対に票を投じた。

基地建設から利益を得るのはサムスンやテリムのような大企業である。最近、サムスンとテリムは政府を相手どり、工事の遅れに対してそれぞれ350億ウォン（約37億円）、230億ウォン（約24億円）もの損害賠償を要求した。サムスンの要求に対し政府は273億ウォン（約29億円）の支払いを認めている。韓国海軍はこの損害金の全額か一部を江汀村住民や基地建設に反対する市民グループに請求する計画がある。

テリムの要求に対しても同様な対応をするとみられる。これは市民に対する「経済的殺戮」と言える。

地域の500年の歴史を誇りにしている江汀村の住民は、村の中心地にあるクロンビ岩と、ユネスコ生物圏保存地域に指定された軟サンゴが生息する海が基地建設のために破壊されることで、悲痛な体験をしてきた。この9年の闘いで、約700人が逮捕され、50人以上が投獄され、外国人22人が国外追放処分を受けた。市民の抵抗運動に対し科せられた罰金は4000万円を超えている。

刻銘されていない被害者たち

キャンプ・シュワブ前の座り込みテントの中にも、私は江汀村と同様の心の痛みを感じ取った。テントの人々は大浦湾の青い海のように澄んだ優しい目をしていた。しかし、心の奥底からスローガンを叫び、外国勢力と中央政府に踏みにじられた自らの島を断固として守ろうとする姿からは、沖縄戦終結以来の70年にわたる苦しみが伝わってきた。

沖縄戦では20万人を超える人々が殺されたという。平和祈念公園にある「平和の礎」を見ればわかるように、まだ刻銘されていない被害者も多数いる。その中には多くの女性や子どもいたはずだ。殺戮された名もなき人々は、丸木位里・俊夫妻の壮絶な「沖縄戦の図」に絵筆でもってのみ刻まれている。驚くべきことに、これらの絵画が展示されている佐喜眞美術館は普天間基地にのめり込むように立地し、殺戮への反対を訴え続けているのだ。

済州島は第2次世界大戦末期に日本帝国によって要塞化され、沖縄と同じ運命をたどることとなった。島の住民はアルトル飛行場という巨大な日本海軍の航空基地建設のため強制徴用された。この飛行場は1937年、日本軍の南京への爆撃機が出撃した前哨基地でもあった。済州島は当時から、自らの意思に反して殺人者の巣窟にされていたのだ。

済州島は日本から解放された直後から3年間、米国陸軍司令部軍政庁の直接支配下に置かれた。「済州島四・三事件」は、朝鮮半島を分断しようとする米帝国の動きに島の住民が抵抗し、蜂起したときに起こった。米国は済州島を「アカの島」としてマークし、市民の無差別な虐殺を直接命令した。記録されているだけでも3万人が殺され、87の村が消滅させられた。

ファシズムは企業体と軍隊の結婚

もし記憶がわれわれを地上からの抹殺から救うのだとすれば、覚えておくべきは、帝国主義の最悪の形態はファシズムであり、ファシズムは企業体と軍隊の結婚であるということだ。

残念なことに、このファシズムは、今や世界中でナショナリズムや国家安全保障の名の下に復活し、拡大している。

なぜわれわれに連帯が必要なのか。ある地域の基地問題は、その地域だけでは決して解決できないからだ。基地はネットワーク化されている。われわれもネットワークしなければならない。

（2015年11月4日）

◎編者から一言

崔誠希さんに初めて会ったのは2015年夏、「宇宙への兵器と核エネルギー配備に反対する地球ネット」の沖縄ツアーに彼女が参加したときだ。印象に残っているのは、大浦湾で抗議船に乗ったときに、彼女はあたかも毎日この船に乗っているかのような自然さでバナーを取り出し、海保の人たちにメガホンで反対を叫び始めたことだ。近所に住んでいる叔母さんにご飯を届けるような感じなのである。彼女にとっては済州島も沖縄も一緒であり、辺野古の人たちも江汀村の人たちも家族なのだ。

「企業体と軍隊の結婚」であるファシズムと闘いブルドーザーの前に身を投げる彼女の素顔は、一度彼女に会った人ならわかるが、愛に満ちている。そしてその愛は現在だけではなく歴史にも及ぶ。誠希ら済州島の人たちは、かつて日本軍がこの地のアルトゥル飛行場から南京を爆撃したことで島が加害の起点となったことから、毎年12月13日には南京大虐殺の追悼式典を行なっているのだ。朝鮮半島が日本に植民地支配されたからこのようなことが起こったのであり韓国の人たちに責任はないのに、敢えて歴史的責任感をもって「南京」を記憶している。それに比べて当の加害国の日本では南京大虐殺の歴史から背を向ける人ばかりだ。被爆の聖地となっている長崎では、大村空港が南京爆撃の起点となっているし、広島は大日本帝国の隣国侵略の拠点であった。日本ではこれらの歴史に真摯に目を向ける人たちがどれだけいるだろうか。

崔誠希（チェ・ソンヒ）

平和運動家。アーティスト。江汀村国際チームのコーディネーター、「宇宙への兵器と核エネルギー配備に反対する地球ネット」理事。「平和の島連帯会議」韓国委員会メンバー。基地建設に反対する地元住民に胸を打たれ、2010年済州島に移住して運動に加わる。11年、非暴力直接行動に対し「業務妨害」の罪で3カ月間獄中生活を送る。

「基地の帝国」批判続け

沖縄の旅で人生変わる

人類学者 シーラ・ジョンソン

1996年2月、亡き夫、チャルマーズ・ジョンソンは最初で最後の沖縄訪問をした。といっても厳密には初めてではなかった、と彼はよく言っていた。53年から55年まで米国海軍の揚陸艦で通信将校を務めていたとき、当時バックナー・ベイと呼ばれていた中城湾に停泊した。

船員の中には上陸した者もいるようだが、夫はかわりに沖縄の穏やかな海で泳ぐことにしたという。

夫と私が出会ったきっかけは、56年、カリフォルニア大学バークレー校で当時大学院生だった彼が、師事するロバート・スカラピーノ教授の講座「極東における米国の役割」で助手を務めており、私は学生としてその講座を受講したときであった。それが翌年の結婚につながった。

1995年、『フォーリン・アフェアーズ』誌（7・8月号）で、夫と、かつて夫の教え子であっ

大田昌秀知事（右）と会談するチャルマーズ・ジョンソン氏
＝1996年2月8日、沖縄県庁（沖縄国際平和研究所提供）

たE・B・キーンが「条約の平和的解体を」という論文で、日米は安保条約を書き換えるか平和的に解体するかして、日本が自国の防衛について「普通の国」になるような段階を踏むべきであると主張した。

そのために、米国が書いた日本の戦後憲法を修正する必要が生じるかもしれないとも論じた。

夫とキーンはその時、岸信介の孫が、岸が日米安保条約を60年に改正した時と同じような強圧的な方法で憲法を変えていこうとするとは想像もしなかったであろう。夫たちの意図とは反対に、日米安保条約はそのままで、自衛隊の役割を拡大し、米国との軍事同盟を強化するために利用しようとしている。

橋本首相は基地返還を要求すべきだった

夫が96年に沖縄に行ったのは、当時の大田昌秀知事の招きを受けてのことだった。前年9月、３人の米兵による少女乱暴事件があり、大規模な大衆運動が勃発していた。沖縄と、多くの日本本土の人たちも、米国が沖縄の大方の基地を閉鎖するよう要求しており、96年の2月24日、当時の橋本首相は、この緊張した状況について話し合うためクリントン大統領に会った。

もし橋本首相が沖縄の米軍基地を返還するよう率直に要求していたら、クリントンはそうせざるを得なかったであろうと夫は見ていた。しかし、両者は沖縄の米軍基地を削減するという曖昧な約束をしただけだった。96年12月、日米特別合同委員会（ＳＡＣＯ）は、普天間基地の閉鎖と、沖縄県東海岸沖に代替の海上施設の建設を提案した。

この提案は沖縄における米国のフットプリントを減らすものではなく、環境に対する新たな脅威であった。建設予定地の大浦湾はジュゴンの餌場であり、数々のサンゴ礁の生息する場であった。基地建設計画によって、これらの生物が脅かされることとなる。地元の名護市を含む沖縄の人々は、基地建設に繰り返し選挙や市民運動で反対を表明してきた。現在、この闘いが始まって20年以上にもなるとは、私自身信じられない思いでいる。

加害への「ブロウバック」

１９９５年の沖縄訪問は夫に多大な影響を及ぼした。96年2月16日に『ロサンゼルス・タイムズ』に寄稿した記事では「欲深く広がる米軍基地と、露骨な植民地支配の象徴に衝撃を受けた」と書いている。彼は日本政策研究所の所長として自分が沖縄で見てきたことを伝え始めた。

その後、夫が２０００年に出した本は『Blowback』（ブロウバック）といって、ＣＩＡが作戦の事後リポートを作るときの用語である。海外における米国の行ないが原因となって、加害者である米国に戻ってくるしっぺ返しのことだ（日本語版『アメリカ帝国への報復』）。

この本には沖縄についての章「アジアの最後の植民地」がある。世界を覆う米軍基地の問題は彼に続編『Sorrows of Empire』を書くよう駆り立てた（日本語版『アメリカ帝国の悲劇』）。両方の本において夫は、地位協定についても記述した。地位協定は、米軍が駐留する国に課す屈辱的な条件を露出するものなので多くの場合、政府は国民の目に触れないようにしている。

沖縄への旅は夫のその後の人生を変え、アジア研究の退官教授として余生を送る代わりに、使命感を持った公的知識人となった。夫は、大田元知事が沖縄の人々のために立ち上がり正々堂々と意見する姿に深い尊敬の念を抱いていた。

帝国はいずれ破綻する

夫自身も、人生終盤の15年間、米国が第2次大戦後、かつての帝国のように植民地によってではなく、在外米軍基地によって帝国を築いたということを精力的に説いて回った。彼はこの帝国はいずれ破綻し、占領している多くの国々と共に滅びるであろうと読んでいた。夫はまた、自分自身が１９７０年代に顧問をしていたＣＩＡの廃止も訴えていた。

２０１５年11月で、夫が亡くなって5年になる。夫がもし生きていたら、沖縄の誇り高き人々とその人たちの闘いから学んだことについて今も書き続けているであろう。そして、沖縄の苦しみに自国が果たしている役割について怒りを抱き続けているであろう。

（２０１５年11月24日）

◎編者から一言

シーラ・ジョンソン氏にご登場いただいたのは、「世界から沖縄へ」という題を冠したシリーズが、「沖縄」を世界に発信することに多大な貢献をした故チャルマーズ・ジョンソンの足跡を綴る章がないということはあり得ないという思いからだった。冷戦の保守論客であったチャルマーズが晩年をアメリカ帝国の批判というテーマにコミットし、シーラの本文に出てくる2冊に加え『Nemesis – the Last Days of the American Republic（宿敵―アメリカ共和国の最後の日々）』（２００７）で「ブロウバック三部作」を完了した。この3冊はどれも「軍事植民地」状態とされている沖縄の現状、特に性犯罪をはじめとする事件事故と、それらを正当に裁くことを阻止する地位協定についてかなりのページを割いており、大田昌秀知事（当時）の招きで１９９６年2月に沖縄を訪れたことがチャルマーズにどれだけの影響を与えたかが伝わってくる。チャルマーズは沖縄の現状を当初特異なケースと見ていたが、だんだんと「一等地を基地として接収し、地元民に対する犯罪に治外法権的地位を有し、ゲート付近にはバーや売春宿が並び、とめどもない事故、騒音、性暴力、飲酒運転事故、薬物使用、環境汚染が起こる」状況は、世界中米軍がいるところではどこでも起こっており、「沖縄は狭い島での基地集中ということを除き特異性はなかった」ことに気づいたという（『Sorrows of Empire』より）。それまで日本と中国の政治経済が専門であった学者でも、沖縄訪問をするまでは米国の世界軍事覇権の実態を知らなかったという事実からは、如何に米国外交政策の実態が米国市民の目から隠されているかということを思い知らされる。

シーラ・ジョンソン（Sheila Johnson）

1937年、オランダのハーグ生まれ、10歳のとき米国に移住。大学で人類学を学び、英米文学で修士号、人類学で博士号を取得。高齢化問題や日本について書籍や記事を出版し、夫のチャルマーズ・ジョンソン氏（1931—2010）が創設した日本政策研究所の編集者を10年間務めた。現在サンディエゴ在住。

不服従の運動に感銘

創造的エネルギーを体現

活動家・研究者　カイル・カジヒロ

毎日、フェイスブックの私のページはキャンプ・シュワブゲート前で非暴力抵抗を行なう人々を襲う日本警察の写真であふれ返っている。その中には知った顔がたくさんいる。有名な人たちもいる。しかしその大半は、海をむさぼり、辺野古を脅かす怪物を止めようと立ち上がる普通の人たちだ。

私がとっさに感じる気持ちは怒りであり、そして悲しみである。しかしお年寄りたちが排除されながらも見せる笑顔、前線に響くあふれんばかりの活力に満ちた歌声、この闘いに生命を吹き込む、燃え盛るような〝命どぅ宝〟――平和への情熱に触れるにつけ私の気持ちは高揚する。

これは日本の新たな軍事主義の鉄血機構に対抗する沖縄の「命」の哲学だ。以下、この夏沖縄で過ごした時間を振り返ってみたい。

私が沖縄で最初に心を打たれたことは、人々の暮らしの中で過去がいかに重要な位置を占めているかであった。侵略、強制退去、土地や財産の剥奪、戦争の傷痕が沖縄の土地と人々の体と心に焼き付けられている。

この地につきまとう最大の亡霊は「鉄の暴風」と呼ばれた沖縄戦だ。どこに行っても戦争で死んだ人たちの慰霊碑を目にし、おぞましい戦争体験を耳にし、いつまでも続く戦争の傷痕を見た。毎年、この土地からは次々と戦争被害者の骨が出土し、不発弾と有害物質が生ける者を待ち伏せしている。

この土地の地面のどこを切り取ってもそこはかつて戦場だったか、戦争や戦後の記憶を背負っている場所である。「沖縄にとって戦争は終わっていない」と私は説明を受けた。この事実の理解なしには、沖縄の米軍基地への怒りと沖縄人が今の闘いに何を懸けているのかをわかりようがないと。

戦跡や基地を視察したスタディーツアーの参加者と地域住民の交流会。発言しているのがカジヒロ氏＝2015年7月27日午後、北中城村

ハワイと沖縄の共通点

ハワイと沖縄は長い友好関係を保ち、歴史的にも地理

的にも共通点が多い。ともに帝国主義者に占領されるまでは独立王国であった。どちらの島々も美しい自然、実り多い土地と海、活力ある先住民文明と広範にわたる海洋性文化ネットワークに恵まれている。しかし、この地理的な恩恵そのものが仇になったともいえる。外国勢力が自分たちの地政学的価値のためにこれらの島々に食指を伸ばすからだ。

ハワイで平和と社会正義を求めるグループで活動をしてきているので、私は米国の軍事占領がハワイの土地にもたらした犠牲を知っている。それは主権喪失、環境被害、住民の強制退去ほか、社会的経済的な負の影響である。

ハワイ語で「プーロア」（Pu・uloa）と呼ばれた港が「パール・ハーバー（真珠湾）」に変わった例を挙げよう。ハワイ先住民にとっての豊穣で実り豊かだった地形は米国によって巨大軍事基地に変えられた。オアフ（O・ahu）島における必須の食糧供給源であった場所は今、巨大汚染地域となっている。

オアフ島と沖縄島において米軍基地が占める割合はそれぞれ24・6％、18・3％であるが、私が沖縄に行ったときの印象ではより基地が威圧感をもって感じられた。沖縄の基地はより人口が密集する地域にあるからであろう。

戦略的な「平和の礎石」としての地位

私は沖縄の平和運動で中心になってきた指導者たちや諸団体と面会したが、その組織力、創造性、決意の程に感銘を受けた——キャンプ・シュワブゲート前での市民としての不服従行動、島じゅうから発車しているバスに乗って来る人々、海上で抗議する勇気あるカヌー隊員と抗議船の船長たち、そして訪れる人の交流拠点となっている座り込みテントの数々——これらは全て抗議活動が解き放つ創造的エネルギーを体現していた。

私はそこに、ハワイのマウナ・ケア山の超大型天体望遠鏡建設に対する運動、プエルトリコのビエケス島、カホオラウェ島の米軍演習に対する運動との共通点を見た。私たちの挑戦は、国境を越えた連帯を紡いでいくことである。これらの運動が生む相乗効果が新たなアイデアを生み、可能性が浮かぶ空間を開いていく。容認できない選択肢を前にして、断固として拒否することが一番強力で創造的な行為になり得る。社会変革が起こる土壌を生み出すからである。

抵抗は、終わらない戦争のため、再び捨て石とされないための沖縄人による拒絶である。それは沖縄の小さいといえども戦略的な「平和の礎石」としての地位を強化する。地政学的状況を覇権のためのゼロサムの争いから遠ざけ、より協力的な仕組みに振り向けていく地位だ。

ハワイは被害者であり共犯者

私はハワイ日系入植者の一人として、軍事占領によって米国がハワイ先住民から奪った土地で一定の特権を受けている。その制度自体を私は問わなければいけない。

ハワイの土地の軍事占領はこの地における入植者植民地主義の根本的矛盾の一つである。米軍に入ることは、ハワイの日系人が「愛国的米国人」になる手段の一つであり、ハワイ先住民の犠牲のもとにこの入植者の州における一定の特権を受けている。われわれは軍事占領の物理的・社会的影響を批判するだけでなく、人々の主観性に対する内的な植民地化の影響も批判していくことも大切だ。

沖縄とハワイ、世界各地での軍事主義による暴力を知ることにより、私たちには声を上げて抵抗し、軍事化された覇権主義に基づかない別の道を創っていく必要性が生ずる。この責任は日本人、そして特に米国の公衆に及ぶものであり、世界中の平和を目指す者たちの担う責任だ。

ハワイは米国の軍事主義と帝国主義の被害者であり、知らぬうちにこの帝国の犯罪の数々の共犯者に仕立て上げられたという側面も持つ。私たちは地元の被害だけではなく、この軍事主義が遠隔地にまで及ぼす影響に取り組んでいく責任がある。

（２０１５年12月16日）

◎編者から一言

　私たちはハワイやグアムが米国の一部であるということを当然に思っており、先住民の権利が略奪され軍事植民地とされた場所であるということを忘れている。多くの日本人が沖縄を「日本の一部」と当然に思っている人が多いのと似てはいまいか。カイルの言うように、「ともに帝国主義者に占領されるまでは独立王国であった」のであり、占領によって「主権喪失、環境被害、住民の強制撤去ほか、社会的経済的な負の影響」を受けている。沖縄もハワイのように「帝国の犯罪の共犯者」に仕立て上げられている。カイルが言う、先住民から奪った土地で「一定の特権」を得てきている日系人の責任には、同じように先住民から土地と尊厳を奪って造った国であるカナダに、歴史の知識もなく移民した自分も共感する。琉球併合や朝鮮併合の合法性の否定や疑問があるのと同様にハワイ併合の違法性を訴える人もいる。それが本格的な独立回復運動につながるか否かは、その地の人たち次第だ。しかし私たち植民地支配者の立場に立つ者たちは、歴史を真摯に学び、カイルの言う「軍事化された覇権主義に基づかない別の道」を「公衆の責任」として追い求めていく責任があると思う。

カイル・カジヒロ（Kyle Kajihiro）

活動家・研究者。ハワイの日系４世米国人。ハワイで平和・非軍事化関連の活動に従事してきた。現在ハワイ大学で地理学の博士課程に在籍中。米国によるハワイと太平洋地域の軍事化と国境を越えた抵抗について研究する。2015年6月から8月まで沖縄において、米軍基地問題の現状と、沖縄の政治的文化的アイデンティティーへの影響について調査を行なった。

障壁でなく信頼構築を

軍事力では安全築けぬ

リーズ・ベケット大学名誉教授
デイブ・ウェブ

私は常に宇宙が魅惑的なものだと思ってきたし、夜空に見える、われわれが「星」と呼ぶ光の粒について人類が多くのこと――そのサイズ、重量、構成を計算する方法を編み出し、星の誕生からその長いライフスパンにおける燃焼過程から死に至り、ときには見事に新物質を生み出し新たな星や惑星、場合によっては生命体さえも創り上げる――を解明してきたことに驚嘆している。

これらは全て私たちの世界が宇宙において占める位置を知りたいという欲求から生まれた。夜に星空を見上げ、その美しさに畏敬の念を抱き、その意味を知りたいという欲求だ。人間が宇宙を解明する仕事に就きたいという気持ちは十分理解できる。私が理解できないのは、この美しく雄大な宇宙を汚し軍事化しようとする者たちだ。

同じことが太平洋地域にもいえる――多様な生命体、生息環境、生態を持つ卓越した美しさを誇る地域が、戦争と核実験と軍事基地でむごたらしく痛めつけられてきた。

スタディーツアーのメンバーと共に海上に向かうデイブ・ウェブ氏（前列左から2人目）
＝2015年7月28日、名護市の汀間漁港

私は１９７５年、英国のヨーク大学で太陽と地球の磁場間の相互作用をテーマとして宇宙物理学の博士号を取った。米国と英国で数年研究職を務めた後、英国の国防省から宇宙におけるソ連の活動を調査する仕事のオファーがあり受け入れた。当時は政治や外交政策についてあまり考えたことはなく、その分野に長けた人に任せておけばいいと思っていた。

しかし、間もなくそれは大きな間違いであることに気づいた。私の任務の一つは、ソ連の宇宙活動で考え得る最悪の状況を予想することだった。私が思ったのは、もしソ連側も同様の調査をしていたら（実際していたであろう）、共に世界を最悪の状態に導きかねないことだった。

周知の通り、イラク戦争では、実際に起こったことではなく起こっていたかもしれないと予想されたことが口実とされたのだ。私は結局数カ月でこの仕事を辞め、大学のコンピューター学部に職を得た。この経験をもとに私は平和運動に関わるようになった。

宇宙と地上で帝国を拡大

宇宙は究極的な軍事的優位を獲得できる場所で、宇宙からはその下にある惑星自体を支配することが可能だ。しかしそのためには、生命体が誕生し、繁栄していく場所である宇宙の自然環境を無視しなければいけない。

米軍は「宇宙の支配者」になる意図を公然と口にし、米国が不適切と判断する者には宇宙にアクセスすることを禁止する政策を打ち出している。英国ヨークシャー、私の住むリーズ市の近くにも宇宙の軍事化に関与する二つの米軍基地がある。ファイリングデールズの早期警戒およびミサイル防衛レーダーと、メンウィス・ヒルの電子傍受と衛星情報の受信基地だ。

米軍は地上でも同様にその帝国を拡大しようとしている。米国は、ロシアと中国をその世界支配計画への障害として見定め、オバマ大統領はいわゆる「太平洋旋回軸（ピボット）」政策を打ち出した。

軍事基地建設や戦争の目的は、減少する貴重な自然資源にアクセスし、他者に対する軍事戦略的優位を確保することだ。それが多数を犠牲にして少数が益を得る帝国の仕組みなのだ。

「防衛」システムは挑発行為

2015年夏、「宇宙への兵器と核エネルギー配備に反対する地球ネット」の年次大会が京都で開かれた。かの地では米国のミサイル防衛システムが配備され反対運動が続いていた。この会議に先駆け、沖縄の米軍基地の現状を学ぶスタディーツアーに参加した。米国、ネパール、英国、韓国から10人が参加した。

沖縄訪問で最初に訪ねた県立平和祈念資料館では、日本が米軍進攻の足止めをするために沖縄を見捨て、「鉄の暴風」が4人に1人の沖縄住民を殺した沖縄戦を学んだ。資料館のパンフには、この戦争体験こそが「とりもなおさず戦後沖縄の人々が米国の軍事支配の重圧に抗しつつ、つちかってきた沖縄の心の原点」とある。

私たちは訪問期間を通じ、この「沖縄の心」に随所で触れることになる。普天間基地の一部を返還させて造った佐喜眞美術館で見た「沖縄戦の図」は、体験者の証言に基づき、「普通の人々の記憶」としての戦争の現実を伝える。

辺野古では、大浦湾に船で出て、4000日以上も市民が座り込みをしているテントを訪問、キャンプ・シュワブゲート前では、音楽や踊りを伴う多彩な抵抗の姿を見た。毎朝6時には、その多くは決意の固い高齢者である抗議者たちが、物理的に排除されるまでゲートをブロックする。

嘉手納基地向かいの建物では、屋上から見えた対潜哨戒機の充電音がうるさく、地元住民の説明も聞こえなかった。基地の周囲を通行中、PAC3ミサイル防衛ユニットも見掛けた。これらは2006年、多くの物議と反対の中で「ミサイル攻撃から沖縄を守る」との名目で配備された。しかし、ミサイル配備をただ「防衛」システムと呼ぶことで、これが他の目的でどう使われるか、他国にどう見られるのかといった側面を見えなくしている。実際は挑発行為なのだ。「沖縄の心」は、本当の安全は軍事力を増強し、障壁を作ることで達成されるのではないことを知っている。信頼関係を築き、論争の原因を理解し、自制と話し合いと外交手段をもって合意に至ることで達成できるものだと。

私たちは滞在中に北中城の公民館で地元市民と交流した。そこで韓国から来たチェ・ソンヒ氏は韓国・済州島での基地建設反対運動に触れ、私たちを代表して国際的な連帯の重要性を強調した。海をまたぎ、文化の差を乗り越えて私たちは反戦の目標を共有している。

（2016年2月2日）

◎編者から一言

デイブさんの純粋さと謙虚さがにじみ出てくる文だ。星への憧れから入った宇宙物理学の知識が戦争準備に使われていることを自覚し、それ以降は科学者の責任として宇宙の軍事化と戦争を防ぐための活動に専念してきた。２０１８年1月末、日米共同開発の弾道弾迎撃ミサイル「ＳＭ３ブロック２Ａ」がハワイ沖での迎撃実験に2回連続で失敗したとの報道が流れた。日本が導入する地上配備型迎撃システム「イージス・アショア」に搭載予定のものだ。それでも日本政府は秋田と山口に2カ所、合計２０００億円以上の購入をやめるつもりはない。小野寺五典防衛相は「わが国の弾頭ミサイル防衛能力」のために必要としているが、デイブが代表を務める「宇宙への兵器と核エネルギー配備に反対する地球ネット」日本コーディネーターである立命館大学の藤岡惇教授によると、このシステムは「わが国の防衛」用ではないようだ。米国が中国、ロシア、北朝鮮などと核交戦になった場合、米国の戦争システムの中枢（グアム、ハワイ、米国本土、宇宙）を守るために日本上空の宇宙空間でブロックさせ撃墜するためであるという。前記の失敗からも命中する可能性は低いが、命中しそうになっても、接近する迎撃ミサイルを感知する「近接信管」を付けている場合は宇宙空間での核ミサイル自爆が起こる。米国が１９５０～60年代に14回も行なった宇宙空間での核実験から、宇宙での核爆発は人工衛星や地上の電気回線に深刻な影響をもたらすことがわかっている（藤岡惇「ミサイル防衛の幻想と危険」『平和研究』48号、日本平和学会、２０１８年3月）。「ミサイル防衛システム」とは、デイブが言うように「ミサイル挑発システム」であり、地上や宇宙で核の大惨事を引き起こす可能性を高めるだけだ。

デイブ・ウェブ（Dave Webb）

英リーズ・ベケット大学名誉教授。「宇宙への兵器と核エネルギー配備に反対する地球ネット」代表、「核軍縮キャンペーン」代表、「国際平和ビューロー」理事。主な研究分野は宇宙の安全保障と平和・紛争解決。「宇宙の倫理的利用」（『国際開発と環境持続可能性のための倫理的工学』、2015年）など、論文・著作多数。

沖縄の抵抗　支持高く

外国軍の占領終わらせよ

平和運動家　ブルース・ギャグノン

２０１５年11月10日から17日まで、「平和のための退役軍人会」（ＶＦＰ）のメンバー11人と共に沖縄を訪問できたのは光栄であった。このうち自分を含む２人はメイン州から来ていた。同州のバス造船所では、いわゆる「ミサイル防衛」（ＭＤ）システムを装備する海軍駆逐艦を建造しており、われわれは頻繁にそこで抗議活動をしてきている。挑発的なミサイル防衛システムはペンタゴンの先制攻撃計画の目玉であり、ロシアと中国を包囲するために地球全般に配備されようとしている。

私は空軍一家に生まれ育ち、１９６８年の大統領選の際にはリチャード・ニクソンを応援する「ヤング・リパブリカン（若き共和党員）」のメンバーであった。71年に空軍に入り、カリフォルニア州内の、ベトナム戦争の空輸基地に配属された。この基地を起点に軍用機が兵士を乗せてベトナムに向けて飛び立ち、帰還する際には戦死した兵士の入った遺体袋と負傷兵を連れ帰ってきた。

基地外では頻繁に抗議活動が起こっており、その反響は兵舎の中にまで及んだ。結果的にこれが、自分が後に平和運動家になることにつながった。米軍基地前での反対運動が、中にいる兵士たちに自らの「使命」の現実に向き合うきっかけを作ると私が強く信じているのは、このような体験があったからだ。沖縄にいる間、われわれは普天間基地やキャンプ・シュワブ前での抗議活動に参加し、魂の底から突き動かされた。大浦湾を守るための沖縄の人々の決意は、米国中から集まったわれわれ退役軍人を勇気づけ、やる気にさせた。

基地内に入る米軍車両に新基地建設反対を訴えるブルース・ギャグノン氏（右端）らVFPメンバー＝2015年12月11日、名護市辺野古

中国、ロシアへの攻撃的動き

私は帰国後、沖縄について新聞に論説を寄稿したり、地元で講演したりしている。沖縄への関心と、抵抗する沖縄の人々への米国人の支持は高いという実感を得ている。いまわれわれがしなければならないのは、人々をより大規模な行動へと駆り立てることだ。

私は長年、宇宙の軍事化問題について取り組んできているが、米国によるロシアと中国との紛争を激化させようとする攻撃的な動きには大変心配している。特に、「米国軍の宇宙司令部が宇宙を支配して絶対的優位に立つ一方で、他国には宇宙へのアクセスや利用を許さない」とのペンタゴンの主張には大きな懸念を持つ。米国の続行中の宇宙戦争計画を地球規模で実行するために、宇宙衛星を経由して軍事通信が一つの場所からもう一つの場所へ中継されるよう世界各地に衛星情報の受信基地が張り巡らされている。

沖縄にいる間も、そのような基地を1カ所見つけた。「基地間の戦術的かつ戦略的な指揮・統制・通信・コンピューター（C4）ネットワークを築き、太平洋戦域の全軍兵士を統合的に支援する」上で要の役割を果たすフォート・バックナーだ。この基地は韓国、日本、沖縄、グアム、フィリピン、ハワイの基地群とペンタゴンの間の軍事衛星通信の中継基地である。

ペンタゴンはアジア太平洋地域による軍事作戦の増強・拡大は北朝鮮に対処するためと主張する。数年前、北朝鮮がロケット発射の実験を行なったとき、宇宙産業の雑誌で米軍関係者が北朝鮮をバカにしていた記事を読んだときのことが忘れられない。

その記事で一人の米軍人が言うには、北朝鮮は宇宙技術がないので自らのロケットを追跡することもできないが、米国はその進んだ宇宙技術で何の問題もなく北朝鮮のロケットを追跡することができると。これを読んで、ペンタゴンが北朝鮮の脅威を過度に宣伝していることとがよくわかった。実際は米国自身が圧倒的な軍事力で北朝鮮に牙を向けているのである。

北朝鮮への恐怖をあおる米日韓

２０１６年２月の北朝鮮の人工衛星打ち上げについても、米国、日本、韓国は金切り声を上げてこれは核ミサイル発射実験を偽装したものだと主張した（ところでいつから宇宙に衛星を打ち上げることが違法になったのだろう。米国は既に何千もの衛星を軌道に乗せている）。「憂慮する科学者同盟」（ＵＣＳ）の分析によると「北朝鮮はロケット『銀河』の弾道ミサイル版の飛行実験はしていないし、大気圏に再突入するとき弾頭を熱から守る再突入の実験もしていない。そのようなミサイルはサイズも大きくなるため移動が難しく、発射場で組み立てて燃料を入れるところを隠すことは難しくなる」という。

弾道ミサイル発射と人工衛星打ち上げは別物なのに、米日韓は恐怖をあおるために一緒くたにした。言い換えれば、米日韓軍事同盟は、ペンタゴンが「高高度防衛ミサイル」（ＴＨＡＡＤ）と呼ばれる「ミサイル防衛」システムを、事実上中国に向けて韓国に配備することを正当化するために激怒を演出しているのである。悲しいことに米国政府は、グローバル化された世界経済におけるこの国の役割は「安全保障のエキスパート」であり、戦争を永久に続けることだと考える巨大軍事企業によって牛耳られている。米国の製造業で一番の輸出額を誇るのが兵器産業である。兵器産業が製造業輸出額のトップを占めるとき、それら製品群の販売戦略というものは必然的にどのような形になるであろうか？

沖縄が最初の攻撃対象に

米軍は８００を超える軍事施設を米国外に保持しているおかげで、世界の「平和、民主主義、安定」がもたらされているとペンタゴンは主張しているが、実際はそれの正反対である。沖縄訪問の後に残ったのは、そこにある30余の米軍基地の拭い難い印象だ。

沖縄は米軍の不沈空母とされており、中国と戦争が起こる可能性においては最初に攻撃される場所の一つになるだろう。衛星通信・中継能力に秀でたフォート・バックナーは主要な攻撃目標となるであろうし、沖縄の他の基地も標的となる。

沖縄の未来の世代のために平和をもたらし持続可能な開発を進めていくために、外国軍による占領は終わらせなければいけない。正義をともなう平和を達成するために、私はできるだけのことをやっていく決意がある。沖縄滞在中に私たちを温かく迎え勇気づけてくれた人たちの恩は忘れない。皆さん、元気でいてください。

（２０１６年2月26日）

◎編者から一言

戦争に行った者だからこそ戦争の醜さと無意味さがわかり、反戦運動家になった米国人たちの団体VFP（「ベテランズ・フォー・ピース」）のメンバーとして、沖縄を繰り返し訪れているブルース・ギャグノン。この人たちの行動は贖罪と同時にもうこれ以上米国に加害をさせたくないという使命感に駆られたものなのであろう。中国で蛮行を犯した元日本兵が、戦犯として中国で改心する機会を得て帰国後平和運動家になった「中国帰還者連絡会」（中帰連）を彷彿とさせる。ブルースの記事で沖縄の読者から注目を浴びたのはキャンプ瑞慶覧隣接の最先端通信基地「フォート・バックナー」の存在だ。沖縄の基地反対運動をやっている友人でも「知らなかった」と言ってきた。前項デイブとブルースの記事でよくわかるのは、地上だけでなく宇宙規模での米国の覇権を知れば、本当の脅威は「米国」であることだ。「北朝鮮」「中国」「ロシア」の脅威を煽るメディアに影響され、「日米同盟」を疑わない日本人にとって、この本で最も重要なのはこのブルースの記事と思う。ブルースは2017年4月、彼の住むメイン州の、イージス艦を製造するバス鉄工所（ジェネラル・ダイナミック社）前で抗議中に不法侵入疑いで逮捕された「イージス9」グループの一人である。18年2月1日、裁判所は警察の行き過ぎを指摘し、容疑は全て棄却された。ブルースたちはその晩「憲法修正一項（言論の自由）の勝利だ！」と言って祝った。

ブルース・ギャグノン（Bruce Gagnon）

「宇宙への兵器と核エネルギー配備に反対する地球ネット」コーディネーター、「平和のための退役軍人会」メンバー。過去33年間宇宙の軍事化に反対する運動を続けており、全米、ヨーロッパ、日本を含むアジア各地で講演、テレビ番組や映画に出演、ドキュメンタリー制作、『ル・モンド・ディプロマティーク』『世界』などさまざまな媒体に執筆している。米国メイン州バス市在住。

東北アジア絡む普天間

「連帯」には「ねじれ」克服必要

韓国・聖公会大学教授　権赫泰

最近韓国で沖縄への関心が高まっている。観光地としての「人気」に加え、研究も活発に行なわれており、沖縄関連の本も次々と翻訳・紹介されている。共通の歴史的経験に加え、米軍基地を抱えている共通の「苦悩」が高い関心の背景をなしている。

辺野古と済州の江汀の基地問題との類似性や連動性から「連帯」の動きも活発のようである。韓国の沖縄への関心は、一方では脱政治的で開発主義的な「消費」であり、他方では反基地を媒介にした平和へのまなざしである。

日本とアメリカという二つの「中心」国家に翻弄されてきた、「周辺」としての歴史の共有が共感の下地をなしているということである。

しかし歴史の共有が必ずしも連帯へと自動変換されるものではない。すなわち、朝鮮半島と沖縄の間の「ねじれ」の問題である。

その「ねじれ」の連動を象徴する出来事が2010年に起こった。2010年6月26日、李明博（イミョンバク）大統領は普天間基地移転問題をめぐる日米の対立に懸念を表明しながら、もし普天間基地が「国外」へ移転されることになれば、移転地として韓国内の軍施設を提供する意向があると述べたと、日本の保守メディアが報じた。

韓国政府は直ちに完全否定したが、この騒ぎは、一方では韓国の保守派が普天間基地移転にいかに神経質になっているかを、他方では、日本の保守系が韓国の保守派の口を借りて何を語ろうとしているのかを露わにした出来事だった。

済州島に完成した海軍基地、米国が軍艦の寄港を求めることも予想されている＝2016年2月26日（写真提供：聯合）

李の発言の真偽はともかく、李の発言に前後して韓国の政治家や研究者から同様の発言が相次いでいたことから推察すると、韓国の保守政府が普天間基地の「移転」を新たな脅威として受け止めていたことは確かである。

李承晩政権から見た沖縄米軍基地

しかし、歴史を振り返ってみれば、一見突発の出来事のように見えるこの騒ぎが過去にすでに存在していた「ねじれ」の再現であるという結論にたどり着く。

例えば1957年8月22日、アメリカ下院議員キャロル・カーンズ（Carroll Kearns）は李承晩（イスンマン）からの書簡を公開したが、李はこの書簡の中で「沖縄返還」の動きに対し次のようなことをいっている――沖縄は日本の武力によって搾取されたところである。「日本の侵略野望」に変化がない限り、沖縄を日本に返すべきではない。したがって沖縄をアメリカが引き続き領有する必要がある、と。

書簡という形を取ってはいるものの、韓国の大統領が公に「返還」問題に触れた最初の発言である。「親米反日」という李の持ち前の外交策が「返還」問題にも遺憾なく発揮されている。しかし、ここで忘れてはならないのは、李が在沖米軍を北朝鮮の軍事的脅威から韓国を守る安保の要として受け止めていたという事実である。

沖縄の米軍基地から発進する戦闘機が韓国の安保にいかに重要であるかを朝鮮戦争時に身をもって体験した李にとって、「返還」が「米軍抜き」の形で実現されることは韓国の存亡にかかわる大問題であった。もし「返還」があっても、それはあくまでも「米軍つき」の「返還」でなければならないというのが彼の本音だったに違いない。

済州島提供を語った朴正煕政権

李は50年代に数次、東南アジアの代表を韓国に招き、「亜細亜反共民族連盟」を立ち上げたが、ここに琉球代表として喜友名嗣正（きゆなつぐまさ）が蔡章という名と琉球革命同志会会長の資格で参加していることはあまり知られていない。２人がどういう会話を交わしたか、その全貌は知る由もないが、李が国際的反共戦線に反共的な琉球独立派の喜友名を取り込もうとしていたことは確かである。李にとって大事なのは「反共の沖縄」であって「平和の沖縄」ではなかったのである。

60年代になってもこの構図に変わりはない。朴正熙（パクチョンヒ）政権も当初は「返還」に反対の立場をとっていた。しかし、「返還」が動かせない規定事実になってくると、「米軍つき（核つき）」の「返還」を要求するようになる。

69年5月、韓国政府は、「返還」は「米軍基地の軍事的価値が決して損なわれることのないよう」処理されるべきであるという基本見解を公表する。また、いわゆる「ニクソン・ドクトリン」で在韓米軍の縮小がほぼ確実になった69年8月、朴正熙は「沖縄の帰属如何と関わりなく韓国は新しい米軍基地として済州島を提供する用意がある」と述べた。

60年代後半から「沖縄米軍基地の済州島移動説」が何回も韓国のメディアに登場していたことから考えると、朴の会見内容は別段驚くほどのことでない。しかし、韓国の大統領が公に沖縄の米軍基地の代替地として済州島に言及したのはこれが初めてである。いまの済州江汀基地問題につながる発言である。

韓国の軍事負担と連動

李明博、朴正熙、李承晩に共通していることは、沖縄を「米軍あっての沖縄」としか見ていないことである。だとすれば、沖縄に圧しかかっている米軍基地の負担は、当然韓国の軍事的負担と無縁であるはずもなく、一方の軽減が他方の負担増につながりかねない「ねじれ」の連動をここで確認することができる。

鳩山由紀夫元首相も、普天間基地の国外移転の公約をほごにし、辺野古移転をもりこんだ２０１０年５月の日米合意が、哨戒艦沈没事件で緊迫している朝鮮半島の情勢から大きな影響を受けたと漏らしている。また日中間の葛藤も普天間基地問題と無関係ではない。

このように普天間基地問題は東北アジアの情勢と複雑に絡み合っている国際的な問題である。当然「連帯」も、この「ねじれ」の連動をどうやって断ち切るかにかかっている。

（２０１６年４月22日）

◎編者から一言

権赫泰氏は韓国のネットメディア『プレシアン』２０１２年末のインタビューでこう言っている。「韓国には徴兵制があって、日本には徴兵制がない。日本の『平和主義』は韓国の徴兵制と日米安保条約、アメリカの核の傘によって支えられたという逆説的な構造に置かれている。それがなければ作動しないのに、日本社会はその相関関係に対する自覚が弱かった」。私は沖縄の米軍基地問題に向き合うにあたり、憲法９条と日米安保体制の矛盾に日本の大半が直面しなくてすんでいるのは沖縄に米軍基地の多くを押し込んでいるせいだと理解していたが、その構図に「朝鮮」を入れていなかった自分に気づかされた。権氏は２０１６年８月に日本語の本『平和なき「平和主義」戦後日本の思想と運動』（法政大学出版局）を出して話題になったが、訳者の鄭栄桓氏（明治学院大学准教授）は、この本に通底する問題意識として、戦後日本の「普遍主義と平和主義」が、「実際にはアジアの冷戦という構造のもと、多くの場合『朝鮮』という存在を捨象することによって可能だったのではないか」という問いを指摘する（同書「あとがき」）。米国の東アジア冷戦戦略において、「韓国には戦闘基地の役割が、日本には兵站基地の役割が与えられた。日本が『平和』を維持できたのは、在日米軍の70％以上を沖縄に駐屯させ、韓国が戦闘基地、すなわち軍事的バンパーとしての役割を担い、周辺地域が軍事的リスクを負担したからだ」と権氏は述べる（同書「はしがき」）。権氏が本記事で論ずる、韓国と沖縄の連動と「ねじれ」の問題はこの構造に起因する。

権赫泰（クォン・ヒョクテ）

韓国・聖公会大学日本学科教授。1959年韓国・大田市生まれ。韓国・高麗大学史学科卒業、一橋大学大学院で経済学博士（日本経済史、日韓関係史）。山口大学助教授を経て現職。著書に『日本の不安を読む』（2010年）、『日本・戦後の崩壊』（2013年）など。最近は日本の戦後の社会運動、平和問題、日韓関係を研究。2016年に法政大学出版局より『平和なき「平和主義」』を刊行した。

―特別編― 翁長知事への提言

承認白紙化に説得力

訪米前にメッセージ明示を

『アジア太平洋ジャーナル・ジャパンフォーカス』エディター 乗松聡子

２０１４年９月以来、米国をはじめとする世界の学者やジャーナリストたちの論考を隔週で掲載する「正義への責任――世界から沖縄へ」を連載していた。このタイトルには、筆者一人一人と翻訳・編集を担当する私が沖縄への不正義を自らの問題と捉え、正していくことに寄与するという意味を込めている。２０１４年１月に出したオリバー・ストーン監督らによる「世界の識者・文化人・運動家の沖縄声明」に賛同した仲間たちをはじめ執筆者層は広がっている。

カナダにいながら毎日沖縄の新聞で動向を追い、世界の仲間たちと英語で情報を共有し、沖縄に行くときは辺野古、高江、普天間の抵抗の場に足を運んできた。毎日現場で体を張っている人々に心より敬意を表する。私たち海外で活動する者たちも正念場だ。

埋め立て承認後、ワシントンの厳しい現実

２０１５年4月下旬、沖縄選出の衆議院議員玉城デニー氏のワシントンでのロビーイングに通訳として同行した（以下、玉城氏の報告や新聞報道をもとに記す）。翌年の国防予算の方向性を決める２０１６米会計年度国防権限法案を審議中の上院軍事委員会のメンバー議員たちと面会し、辺野古新基地を中止するよう法案に影響を与えることが目的であった。しかし議員本人に会えたのは下院軍事委員会のメンバーであるグアムのボルダーリョ下院議員のみで、上院軍事委ではマケイン委員長をはじめ議員本人には会えないという厳しい現実があった。

議員補佐官や軍事委の調査官たちとの面会では、２０１３年末に仲井眞前知事が埋め立て承認をしたから計画は進んでいるという共通の文脈があった。もう遅い、沖縄は受け入れたのだと。２０１１年当時、レビン、マケイン、ウェブという超党派上院軍事委員グループが再編計画を「非現実的、実行不可能、財政的に負担困難」と言って国防総省に再検討を申し入れたが、前知事の承認により立場を変更していた。グアム移転の予算も凍結されていたがこれも前知事の承認の後に解除されたということだ。国防権限法案２０１６年度原案にもすでに辺野古移設を支持するとの条項が入っているとの発言もあり、後日の新聞報道でも事実

と確認された。

米国との文化差を考えたアプローチ

あらためて前知事の埋め立て承認の法的効力の重大さを確認すると同時に、これを覆すことができるのは翁長現知事による承認の白紙化しかないとの再認識があった。知事の訪米も近づいているが、埋め立て承認撤回か取り消しをした上で訪米をしてこそ説得力を持つ。

その上でさらに米国との文化差を考えて効果的なコミュニケーションをする必要がある。以下、これまで海外の仲間たちと共に沖縄の米国への発信に携わってきた経験からの訪米行動への提案である（知事の訪米行動だけではなく、沖縄の対米行動全般にも適用する）。

（1）「訴え」だけでは足りない。苦しい現状や歴史的経緯を訴えれば相手が意を汲んで行動を変えてくれるという期待は残念だが通じない。「で、私に何をしろと？」と逆に問われてしまう。その現状をどう変えたいのか、そのために相手に何をしてほしいのかまで具体的に要求する。

（2）「民意」を伝えるだけでは足りない。沖縄の「民意」は米国の関係者には周知である。相手は、一連の選挙で勝った、集会に何万人集まったという事実だけで動くような人たちではない。民意を背負った政治家がその権限で何を行動するかが影響力を持ちうる。

（3）「米国の民主主義に訴える」という声もあるがあまり当てにすべきではない。米国の民主主義が適用されるのは自国だけであり、時には自国全体ですらない。そもそも国防至上主義の戦争国家である米国が他国の民主主義や人権を尊重する国だったら沖縄を含め全世界にこれだけ基地があるはずがない。

明確な要請を

（4）「米国の世論喚起」にも限界がある。もちろん私たち海外の人間がずっと取り組んできていることでもあるし長期的に根気よくやっていく必要があるが、現に造られようとしている基地を「世論喚起」だけで阻止することは難しい。ジュゴン訴訟のように実際に基地を阻止し得る運動にももっと資源を投じられるのではないか。

（5）何よりもプロフェッショナルな英語でコミュニケーションをする必要がある。「何を伝えたいのか」だけでなく「相手が何を受け取るのか」という視点も考慮して発言や資料を用意する。翻訳のときは直訳ではなく、文化差を考慮した上で米国人に意味が伝わる訳し方をする。英語ネイティブと日本語ネイティブがペアで取り組むといい。

以上を踏まえ、翁長知事は訪米の際、「前知事の埋め立て承認を覆しました。だから前知事の承認によって可能になったことはすべて不可能になります。したがって辺野古移設は中止です。国防権限法案も書き換えてください。普天間基地は直ちに返還し、普天間海兵隊のグアム移転分以外、残る海兵隊を受け入れる場所は沖縄県外に探してください」と明確なメッセージを米国に届けることが効果的であると思う。

以上、海外の仲間たちの意見も反映し、訪米に向けて率直に提言した。5・17県民大会を私たちは世界中から熱い思いで見守っている。同時に私は、沖縄の皆さんがこのような抵抗運動をする必要がなくなる日まで、自分の「正義への責任」を果たしていく決意を新たにする。

（2015年5月16日）

沖縄県民自らが決定を

ノーム・チョムスキー　インタビュー

『琉球新報』と会見したマサチューセッツ工科大学名誉教授のチョムスキー博士は、1952年4月28日のサンフランシスコ講和条約で日本が主権を回復した日を境に本土から切り離され、米軍基地の過重負担を強いられてきた沖縄について、「沖縄のことは沖縄が決めるべきだ」と強調、基地負担からの解放を目指して国内外の団体と連携すべきだと呼び掛けた。米国の民主主義の本質や、日米両政府が沖縄に基地を置く理由として挙げる「地域の安定」といった言葉の欺瞞性などに触れたほか、米国の支配を脱した南米諸国を例に沖縄に助言するなど、多岐にわたって発言した。尖閣諸島をめぐる日中両国の緊張には「基地がある場所では常に軍事的対立の可能性がある」と指摘した。

（聞き手　『琉球新報』松堂秀樹）

――人口が密集した市街地の真ん中に米軍普天間飛行場がある。日米両政府は県内に代替施設を建設する計画を進めている。

市街地の中に基地を置くことは決して許されるべきではない。だからと言って、県内のどこか別に移設すべきでもない。私が知る限り、県内で新たに施設が建設されることを県民は拒否している。沖縄のことは沖縄県民が決めるべきだ。仮にボストン郊外に中国が基地を設置しようとしたら、マサチューセッツ州の人々が受け入れるかどうかを決める。それと同じだ。

――沖縄の民意に反し、日本政府は県内移設を推進している。

この問題はより大きな疑問をはらんでいる。沖縄が日本に支配されるべきかどうかという疑問だ。歴史的に見て沖縄は独立国家だった。沖縄の人々が日本の一部であり続けたいならそれでいい。だが、独立を望むなら自発的に動いていくべきだ。

沖縄の基地問題は第2次世界大戦にさかのぼる。日本は1951年のサンフランシスコ講和条約調印（注釈1）で、東京裁判を受け入れることを条件に参加が認められた。ただ東京裁判の対象は41年以降の戦争犯罪についてのみで、その10年前から戦争は始まっている。アジア諸国にとっては苦々しい屈辱だが、主要諸国が反対する中、米国主導で日本は講和条約に参加することができた。講和条約締結後も、米国はアジア太平洋地域の支配に不可欠として軍事基地を置き続けた。沖縄はその一つだ。現在は「Ｐｉｖｏｔ　ｔｏ　Ａｓｉａ」（アジア・太平洋地域重視の米国防戦略）でさらに軍事力を強化しようとしている。

日本の植民地だった韓国や台湾は独立して経済発展し、より自由になった。この地域はより多様性が見られるようになったが、対照的に日本は米国に従属的なままだ。数年前に日本の首相（鳩山由紀夫氏、当時）が米軍基地を取り除こうと努力したことが思い出される。彼は米国の圧力に耐えられず、すぐに投げ出してしまった。

東アジア情勢は基地あるが故に緊張

――沖縄は米軍基地の過重負担の解消を訴え続けてきたが、戦後67年を経ても基地の負担が集中している。問題の解決に向け、県民は米国民主主義の精神に期待している部分もある。

歴史をひもとけば、米国も含めて帝国主義国家は民主主義、専制主義という国内向けの政治体制とは何の関連性もないことがわかる。事実、英国は最も民主的な国家だが、植民地に対しては非道な専制主義体制をもって支配していた。米国もしかりだ。

米国は他国の民主主義国家に比べて、より民主的な国家であることは間違いない。だが、東南アジアや南米で行なってきたことは絶えず民主主義を傷つけてきた。それが世界で繰り返されている。

１９５３年に米国がイランの民主主義政権を転覆させたのは、石油利権を維持したかったからだ。イランは自国の資源を管理しようとしていたが、米英がそれを受け入れなかった。翌54年にもグアテマラで初めての民主政権を米政府は転覆させた。チリの政権も転覆させたが、そうした工作は民主的な政権を守るためではなかった（注釈2）。結果、より残酷な独裁政治が復活した。歴史は同じように繰り返されている。

帝国主義の関心事は「支配」と「統制」であって、明確な理由がないまま、民主政権を支援することではない。民主主義が許容されれば、人々はわれ先にと自分が欲するものを獲得しようとする。そうした行動は民主主義を支えるものではないことは明確だ。

――沖縄の周辺では、尖閣諸島をめぐり日中間の緊張が高まっている。

軍事衝突が起こることは私自身は予想していない。だが、軍事基地がある所では常に衝突の可能性があることも事実だ。米国はこの地域の支配権を維持するため、沖縄を前線基地として基地を置き続けてきた。62年のキューバ危機では、核兵器が配備されるなど沖縄は非常に危険な使われ方をされてきた。

日本と中国は戦闘機のスクランブル（緊急発進）や海上での緊張（中国海軍による海上自衛隊護衛艦へのレーダー照射）などで対立が深まっている。沖縄はこの地域で生じている深刻な対立から避けられない場所にある。日本が深刻な軍事的対立に直面した場合、沖縄の米軍基地が後方支援の役割を果たすのは疑いようがない。軍事基地がある故に緊張にさらされている。

――北朝鮮が沖縄を含む日本国内の米軍基地を攻撃対象に入れていると宣言している。

北朝鮮は普通の政治体制ではなく、予測不可能で言及するのが難しい。ただ、過去を振り返ると北朝鮮は常に米国と韓国を相手に「しっぺ返し戦略」（TFT戦略）を続けてきた。94年のクリントン政権との合意で緊張が緩和されたこともあれば、「悪の枢軸」と批判したブッシュ政権時には核開発プログラムを推進した。譲歩には譲歩で、敵対行為には同じく敵対的行為で臨むという戦略だが、実際の暴力的行為はこれまでかなり抑え込まれてきた。

北朝鮮が沖縄の米軍基地を攻撃する可能性はかなり低いだろう。仮に攻撃した場合、報復攻撃を受け国が壊滅してしまうからだ。

「非暴力貫き　連帯築け」

――県民の大多数が反対する中、日米両政府は「地域の安定のため米軍の存在が必要」と、普天間飛行場の県内移設を進めている。沖縄の負担軽減、本土との負担共有は進まず、日本

政府は国内の米軍専用施設の74%を沖縄に集中させている。

「安定」は国際政治において実に奇妙な名辞だ。イランが近隣諸国を不安定にしていると非難されるが、イランがやろうとしていることはアフガニスタンやイラクに対して影響力を強めることだ。だが、われわれ（米国）が他国に対して影響力を強めることは、「安定化」とされる。事実、米国がそれらの国々に侵略して破壊行為を行なったにもかかわらず、「不安定にした」とは指摘されていない。「安定」とは、米国の要求に対する服従を意味している。「安定」は不合理なレベルにまで達している。リベラルで穏健派の外交専門家までも、米国がチリの民主政権を転覆させたことを「安定をもたらすため不安定にしなければならなかった」と説明した。

沖縄の人々が「安定」という言葉を耳にするときは国際関係の中でその言葉がどのように使われてきたかを深く考えるべきだ。尖閣諸島をめぐって紛争が発生し、米軍が日本側を支援するため何らかの役割を果たそうとすることは地域の安定に何ら寄与するものではない。沖縄はそのこと（米軍の紛争参加）によって損害を被るだろう。

――沖縄は過重な基地負担をどうやって減らしていけるのか。

意味のある抗議行動が物事を動かす唯一の力になる。非暴力を貫き、沖縄以外の人々とも協力すべきだ。米国にも基地に反対し、基地撤去に向け奮闘しているグループがある。日本国内にも米軍基地がもたらす構造的な問題から解放されるため取り組んでいる人々がいる。日本国内や米国のそうした団体と連携し、互いに助け合いながら抗議を続けるべきだ。それが最も有効な手段であり、基地撤去を成功させるだろう。

率直に言って、米国が今後も世界各地に米軍基地を置き続けることができるかは疑問だ。現状はかつてのような経済的優位性はなく、外交的優位性も損なわれている。

南米はかつて米国の裏庭のようなものだったが、全ての米軍基地が後を追われ、今は一つとして残っていない。米国は駐留継続を希望したが、エクアドル大統領のコメントは秀逸だった。「米国は駐留継続してもよい。エクアドルがマイアミ(米フロリダ州)の隣に基地を置いてよければ」。それで米国は基地を引き揚げた。あれは実に見応えがあった。米国はその後、再び米軍基地を配備しようとしたが成功しなかった。(注釈3)

――沖縄は国内での所得水準が低いが、米軍基地の存在が経済活動を阻害しているのがその一因だと指摘されている。

日本の植民地だった韓国や台湾のような例外もあるが、帝国主義国家の典型的な植民地政策の結果として貧困がある。意図的ではないにしろ、米国は駐留政策を推進してきたことで結果的に沖縄の発展を阻んでいる。

――沖縄へのメッセージを聞かせてほしい。

希望を持ち続け、心を注ぎ続けること。前進はしている。世界は多様化し、たくさんの機会が生まれている。ＢＲＩＣＳ（ブラジル、ロシア、インド、中国）などの新興国の仲間にインドネシアや南アフリカも加わるだろう。それらの国々は多くのことを成し遂げられる力はないかもしれないが、変化の方向に進んでいる。

中国は確かに脅威だが、他方で建設的な変化をもたらすかもしれない。世界の流れの中で沖縄のような小さな場所が制御できない出来事はある。だが、沖縄の行動は沖縄自身の解放を手助け、それが世界の国々を鼓舞していくことになるだろう。

（注釈1）**サンフランシスコ講和条約**　太平洋戦争に関し、米国など連合国諸国と日本との間の戦争状態を終結させることを目的として、両者の間で締結された。日本は敗戦後、１９４５年から連合国の占領下に置かれたが、51年9月8日のサンフランシスコ講和会議で、連合国58カ国のうち48カ国と条約を調印。翌52年4月28日に発効した。日本は7年ぶりに独立国に復帰したが、基地が集中していた沖縄は条約第3条に基づいて、日本から分断され米国の統治下に置かれることが決まった。「第2の琉球処分」とも言われる。奄美、小笠原も米統治下に置かれた。

（注釈2）**イランとグアテマラ、チリの政権転覆**　米国は１９５０年代にイランとグアテマラ、70年代にチリで、当時の両国の政権転覆に関わった。イランで、米国が転覆させたのはモサデク大統領政権。同政権は、それまで英資本のアングロ・

イラニアン石油会社が独占していたイラン石油産業の国有化を進めていた。米中央情報局（CIA）は53年、英政府の協力を得てパーレビ国王派によるクーデターを画策し、モサデク政権を崩壊させた。米英とも石油が狙いだったとされている。

グアテマラで、米国が転覆させたのはアルベンス大統領政権。米CIAは同政権が社会主義的な改革を推し進めていたことを危惧し、政権転覆を計画。54年に米政府とCIAが資金面などで支援していた反アルベンス派の亡命グアテマラ人元陸軍大佐が「グアテマラ反共臨時政府」を樹立。米国の武器援助を受けた同臨時政府がグアテマラに侵攻し、アルベンス大統領が辞任、亡命することになった。

チリで米国が政権を転覆させたのは、世界で初めて自由選挙によって合法的に選出された社会主義政権であるアジェンデ大統領政権。同政権の社会主義的な政策に南米の左傾化を警戒した軍部などが反発し、73年に軍事クーデターを起こした。首都サンティアゴが制圧され、宮殿に籠城していたアジェンデ大統領は銃撃の後、自殺した。

（注釈3）**エクアドルの米軍駐留拒否**　エクアドル政府と米国政府が違法な麻薬取引を監視するためとして、米軍の駐留を10年間認める協定を締結したことに基づき、米南方軍が1999年にエクアドル西部マナビ州にあるマンタ空軍基地に駐留を開始。ラファエル・コレラ大統領は2007年、「米マイアミにエクアドル軍を駐留させないなら、米軍の駐留も認めない」と米軍の継続駐留を拒否。エクアドル憲法制定議会も08年3月、エクアドルにおいていかなる外国の軍事基地も非合法とする法案を可決した。09年に協定は失効し、駐留米軍が引き揚げたため、エクアドル国内の外国軍駐留はなくなった。

（2013年4月22日）

ノーム・チョムスキー（Noam Chomsky）

1928年米ペンシルベニア州生まれ。言語学者。「言語学の父」と呼ばれる。ベトナム戦争時から米国の外交政策を批判。アフガニスタン侵攻やイラク戦争、米主導のグローバル資本主義を批判している。

沖縄は誰の島なのか

基地撤去で正義実現を

作家 ジョージ・ファイファー

２０１６年の「慰霊の日」を前に『天王山――沖縄戦と原子爆弾』の著書がある米作家のジョージ・ファイファー氏が『アジア太平洋ジャーナル・ジャパンフォーカス』編集者の乗松聡子のインタビューに答えた。

――『天王山―沖縄戦と原子爆弾』を書いた経緯は

私は日本語ができないのにこの本を書けたのは沖縄や日本の研究者たちの協力があったからだ。１９８０年代後半、この本のための調査で日本に行った時に東京の外国特派員協会の図書室で資料を探していたら、沖縄についての数少ない英語資料の中でも目立ったのはオータという人による著作だった。当時私は大田昌秀氏のことも知らないぐらい無知だったのだ。

そんな自分がなぜこの本を書いたのか。当時私は暖炉用の薪を作るために木を切る作業をいつも、元海兵隊員の隣人と一緒にやっていた。戦闘体験者はたいていＰＴＳＤ（心的外傷

沖縄戦の激戦地シュガーローフ（米陸軍ホームページより）

後ストレス障害）を背負っており、体験を語らない。つらすぎるし、話してもわかってもらえないと思うのだ。彼も私に戦争体験を語るようになったのは知り合ってから何年も経ってからだった。この人が、第6海兵師団の一員として沖縄戦を戦ったディック・ウィテカー、私の本の中心人物の一人となった。

当時、私はフリーランスの貧乏作家だったが、彼の話を聞いて驚いた。硫黄島の戦いについての本は数多くあるのに沖縄戦についての本はほとんどない。あったとしても、米国人のことしか書いていない。現在、米国人に沖縄戦のことを聞いても9割は何も知らないだろう。残りの人は何か知っているとしても、「マイナーな硫黄島」程度にしか思っていない。しかし、沖縄戦は硫黄島よりずっと長期間で死傷者もはるかに多い戦闘だった。決定的な違いは、硫黄島は、戦闘時は民間人もいない、軍隊のみの島だったのに比べ、沖縄は豊かな古来の文明をもち、多くの住民が住む島だったのである。

――沖縄戦が硫黄島の戦いに比べ知られていない理由は?

それは不運の連続もあった。1945年2~3月、硫黄島の戦いが大きく扱われ、あの米兵が星条旗を掲揚する写真はあまりにも有名だ。沖縄戦でも同様の星条旗掲揚の写真が撮られたが、すでに硫黄島の写真が有名になっていたため新聞社は興味を失っていた。また沖縄戦の進行中、4月12日にはルーズベルト大統領が死去、5月8日にはドイツ降伏で欧州戦が終了したという大ニュースが連続したために沖縄戦がかき消されてしまった。この本のために最初沖縄に行った時、目的はシュガーローフヒルなど、戦闘が行なわれた場所の地形を確かめることだった。その時もまだ自分は、この戦闘の本当の悲劇は大多数の沖縄人の命が奪われたことにあるということを知らなかった。沖縄の人々と話すようになって目を開かされた。どこの国も自国の被害のことばかりを書く。しかし、自分としては戦後50年もたっていて、片側の見方だけの本を書くことなどできないと思った。

沖縄の人々の戦争体験は本当に悲惨なもので米国人としてひどく心が痛んだ。とりわけ、軍事戦略家は太平洋戦を検証し、沖縄戦を含むいくつかの島の戦いは必要のない戦いだったと言っている。それを思うとやり切れない。

「一体誰の島なのか」

――沖縄戦は必要ではなかったのに決行されたと

そうだ。これが戦争の皮肉の一つだ。軍の指導者たちは戦えば手柄になる。その時、自分たちにとって重要だと思う行動を取るのだ。人間性のためではないし、愛国心のためでさえない。自分たちのためだ。

――米国にとって民間人をあれだけ殺さずにすむ方法はあったか

もちろんあっただろう。しかしそれは軍の優先事項ではなかった。どの戦争もそうだ。軍の目的とは民間人を救うことではなく、戦闘に勝って領地を得ることなのだ。

――沖縄戦の被害者には日本政府に補償を求めて訴えた人もいるが、成功はしていない。

2016年4月、米軍属による暴行殺人事件が起きた。続く沖縄の被害に対して正義とはど

うもたらされるか

退役軍人が言うように「戦争は恐怖（ホラー）そのもの」だ。それ以外の何物でもない。米軍の暴行については、占領の初期（１９４５～50年）には何千もの強かんがあった。何も新しいことではない。

沖縄の苦しみにどう正義をもたらすか、その問いについての答えは簡単だ。沖縄から基地を取り除くことだ。私はいつも言う。「一体誰の島なのか」と。米国内に中国やロシアの基地があったらどう思うか。相手の立場に自らを置けば明白なことだ。沖縄の基地負担の比率を見れば、日本人だって自分たちの島に基地を置きたくないのだろう。日本人の大半は沖縄人を完全に日本人とは見ていない。

――著書のあとがきでは、米国外の１７０カ国に25万人もの兵力を維持している米軍を「グロテスク」と呼んでいる

米国はそもそも建国の父たちが英国に「常備軍」を置かせないと独立宣言に掲げていたのに、世界中に巨大な軍事施設を持っている。これは米国の安全を保障するものではない。はるか彼方の国で戦っているうちに自分たちの国が壊れていく。我々は一体何をやっているのか。これだけの軍事設備を持ったらまず間違いなく使ってしまう。軍事的解決ができない問題も軍事的に解決しようとしてしまうのだ。米国の近年の戦争はみな大失敗に終わっている。多数の犠牲者を出し、多額の費用を投じ、米国にとって何のプラスにもなっていない。もちろんこれは米国の問題で沖縄の関心ではないだろうが、私は沖縄について話すときはこういう角度から話をする。米国人は沖縄に関心がないからである。

どこの国にもどうしようもない愛国主義がはびこっているが、米国は特に二つの理由でその傾向が顕著だ。米国は欧州のように外国に取り囲まれていないので一国主義に陥りがちだ。もう一つ、これはどこの国もそうだが、自分の国が特別だと思いたがる傾向がある。第２次世界大戦の史実を認めたがらない日本もそうだ。米国は特に自分たちが神に選ばれた人間と思っており、他国の資源を奪いながら、そこの人たちにどう生きるべきか教えてやろうといった姿勢がある。もし殺し合いをやめて平和を目指すのなら、自分たちが特別だという考えをまず止めるべきである。

――沖縄の読者に対し伝えたいことは

沖縄のみなさんは歴史を通じて受け身なところがあり、優しすぎる傾向がある。沖縄なりのタフさを築き、もっともっと大きな声をあげて抵抗したらいい。主張し続けることだ。

（２０１６年６月21日）

◎編者から一言

ジョージ・ファイファー氏には、寄稿を依頼したら電話をするように言われ、電話したら「自分は歳も歳だし沖縄については最近記事を書いたばかりだから何か新しいことを書けるとは思わない」と言われ、やっとインタビューなら、ということで承諾をもらった。話してみたらまあ自虐ネタも交えて面白いことばかりを言う人で、一気に肩の力が抜けた。薪割りを一緒にする隣人が戦争の傷を抱えていたことがきっかけで、何も知らなかったファイファー氏が沖縄を知る旅路が始まる。ジョージが沖縄に初めて来たとき印象に残ったのは米軍基地内にそびえ立つ、米国と日本という「二つの帝国の旗」だったということだ。「沖縄に大変な損害をもたらした二つの国の旗が沖縄の地ではためいている」ことに「占領」の現実を見たのだ。「ニミッツ布告書」一枚で戦闘もしないうちから沖縄を占領した米国。「天王山」の執筆準備をしていた1990年前後、「沖縄戦は必要ではなかった」とする軍事戦略家が多かったというジョージの言葉は気になった。沖縄戦の専門家には「ペリー来航以来の望みであった沖縄を獲得したのだ」と言う人もいる。映画『Standing Army』（トーマス・ファツィ、エンリコ・パレンティ監督、2007年）に出てくる、「これまでは戦争をするために基地が作られる、と考えられてきた。しかしだんだん、戦争自体が基地を作り、そこに駐屯し続けるための絶好の機会となることが増えている」というゾルタン・グロスマン（エバーグリーン大学教授）の見方を思い出す。ジョージは最後に、「私はフリーランス作家でいつも貧乏だから沖縄の広報担当として雇ってくれればスローガンを書ける。冗談だが真剣に言っている」と言っていた。沖縄がもっともっと強く主張することに自分も協力したいと。

ジョージ・ファイファー（George Feifer）

作家。1934年米国ニュージャージー州生まれ。ハーバード大学卒業後、海軍勤務を経て、作家・ジャーナリストの道を進む。1992年の『Tennozan: The Battle of Okinawa and the Atomic Bomb』（日本語版は『天王山―沖縄戦と原子爆弾』上下巻、早川書房、1995年）は沖縄戦を米日軍の兵士と住民のそれぞれの視点から描いた傑作として知られる。現在コネチカット州ロクスベリー市在住。

植民地化した沖縄

「市民巡礼者」として行動を

プリンストン大学名誉教授　リチャード・フォーク

2016年5月、オバマ大統領が広島を訪問したとき、沖縄にも来てほしいとの声があった。しかし、歴史的に沖縄がしばしば受けてきた仕打ちのように、その願いは無視され、人々は再び失望を味わうこととなった。

沖縄の米軍基地は第2次世界大戦の日本敗北の遺産として最も恥ずべきものであり、その意味においては原爆攻撃を受けた地さえも上回っている。沖縄では、その民族的尊厳と、人々の安全と健康に対する植民地主義的侵害が続いていることを日々思い起こさせられる状況にあるからだ。

実際沖縄は、米国によって強化され、日本本土によって合法化されるという重複した搾取の被害を受けている。米国は、沖縄島の約20%を占める米軍基地群に、太平洋全域の戦略的軍事作戦のハブ的役割を担わせている。朝鮮戦争時は嘉手納基地が爆撃作戦に、ベトナム戦争時は島全体が部隊集結地として、また千にも上るとされる核弾頭配備の秘密基地として使

パレスチナ問題について講演するリチャード・フォーク氏＝2014年12月、米ワシントンD.C.

われた。

沖縄の逆境の歴史に日本が果たした役割は、第2次大戦における敗北と屈辱の継続的副作用としての基地を受動的に容認してきたことだけではない。日本は武力侵攻の末に琉球を支配し、1879年沖縄県として併合した。そして琉球のさまざまな先住文化、伝統、言語までさえも抑圧したのである。現在、県民の6割から8割が新基地建設に反対しているにもかかわらず、危険な軍国主義者である安倍晋三首相に率いられた東京の政府は、米軍の存在を本土から遠ざけ続けることにより、米軍問題がこの国の深刻な政治問題にならない現状を維持している。

沖縄の人々の窮状は、その小ささのため

に、また日本という主権国家に埋もれているために、さらにその地政学的位置付けのために、20世紀後半に成功が続いた世界中の脱植民地化の流れに含まれなかった小さな島社会の悲劇的試練を例示している。この痛ましい運命は、ポストコロニアル時代下の「コロニー」であることに起因している。約140万人という人口の少なさが、日本主権国家の中に閉じ込められていることと米国のアジアでの利益追求と日本との共同運営において担う役割と相まって、沖縄は軍事化された世界秩序の人質とされている。その世界秩序は、両国際人権規約の共通第1条に規定される、すべての人民が有する不可分の自決権を拒絶する。

このように、グローバルな視点から見ると沖縄は植民地時代の忘れられた名残とも言える。それは、国家中心主義的世界秩序の視点からは沖縄は従属させられる、意味をもたない存在とされてしまうということだ。そのような意味合いにおいては、カシミール、チェチェン、新疆ウイグル、チベット、ハワイ、プエルトリコ、パラオ、マリアナ諸島などにおける忘れられた民族と似た状況にある。

沖縄とパレスチナ

「忘れられた存在」にさせられるのは他の方法もある。私は長年にわたり、欧米優先主義の地政学的・歴史的被害者のもう一つの例であるパレスチナの試練に携わってきた。ここでも、パレスチナの先住民族は何十年もの苦しみや基本的権利の否定に耐えてきた。迫害の仕組みは1世紀前に生じている。英国外務省がバルフォア宣言（1917年）で世界のシオニスト運動に支持を約束し歴史上のパレスチナにユダヤ人の郷土を設立、その後第2次大戦終了時まで英国の指導下に置かれた。

沖縄の場合は日本が仲介役を務めているが、パレスチナの場合はイスラエルが独自の利益追求をするかたわら米国・ヨーロッパと戦略的パートナーとして手を組み、中東や北アフリカ全般において共有する地政学的目的を遂行している。もちろん重要な相違点はある。日本は米国のパートナーとしては平和憲法の制約を受けており安倍はそれを迂回しようとしているが、イスラエルの場合は地域の軍事大国となり、米国との特別な関係を享受している。それはアラブの敵国がどう組み合わさっても打ち負かすだけの軍事的能力を保証する関係だ。

また、沖縄とは違い、イスラエルに米国の基地はない。必要ないのだ。イスラエルは米国の代理戦争を行ない、時にはその逆さえあり得る。いずれにせよ結果は同じなのだ。自衛とは関係なく、地域戦略上の権益を発展させるための米国の戦力投射なのだ。

二重のじゅうたんの下に

将来についてだが、われわれが直面するのは世界の市民社会の役割と責任である。新自由主義主導により道徳を超越して進んだ経済的グローバル化の中、道義的および法的説明責任という理念の下に社会的勢力が結集する重要性が増している。これを「道義的グローバル化」と呼ぼう。この「道義的グローバル化」を真剣に考えることはすなわち「citizenship—市民であること」を空間と時間において境界線のなきものと心に描くことだ。

これは私が「citizen pilgrim—市民巡礼者」という名称で表現する全般的なアイデンティティーで、現在の不正義の数々に出合うたびに取り組むことによってよりよい未来を築こうとする人生の旅路を指すのである。これは、平和や正義、そして人間を取りまく自然環境との共進化を目指す人間が陥りがちな誤りや矛盾を念頭に私が考案し、私自身もそれを生きようとするアイデンティティーである。

市民巡礼者として行動するということは、(沖縄のように) 死をともなう虐待事件が起こったとき以外は世界が目に見えないものとして扱うような不正義の数々に注目していくことなのである。沖縄は、国家主義 (沖縄は日本という主権国家の一部である) と地政学 (沖縄は米国に不可欠の基地を提供している) という二重のじゅうたんの下に事実上隠されてしまっている。

沖縄の苦境に注目することで強く認識させられるのは、この世界のいくつかの民族にとっては、植民地主義との闘いは毎年の記念日にその英雄的記憶を祝うようなものではなく、現在進行形の問題であるという現実である。われわれが能動的な連帯を結ぶことなしには、このような植民地主義的統治の被害者たちの解放のために、さらにできることがあるのかどうかを知ることはできないだろう。

（２０１６年８月22日）

◎編者から一言

フォーク氏は、米国の良心的とされる識者でさえ避けがちな問題に果敢に取り組んできている。２０１１年に自身のブログで、9・11事件の公式説明には明らかな「欠陥と矛盾」があるのに主要メディアが扱わず自粛していると問題視したら、「陰謀論を支持している」と、潘基文（パンギムン）国連事務総長やライス米国国連大使（当時）や親イスラエル系の団体から集中砲火を浴びた。調査の「透明性、徹底性、公正さ」を訴えていただけだったフォーク氏が受けた反応は9・11事件の調査に疑問があると表明するだけで大抵の人が貼られてしまうレッテルであるが、当時、国連のパレスチナについての人権特別報告者であったフォーク氏に対する攻撃はとりわけ凄まじいものであった。87歳のフォーク氏は今もブログでパレスチナ人の人権抑圧、それだけではなく核問題をはじめとする世界が直面する危機について論考を書き続けている。連絡するたびに今はトルコだ、今はイタリアだ、と、世界中を飛び回っている様子が伝わってきて「市民巡礼者」を実践していることがわかる。「海外識者沖縄声明」のときも署名を快諾してくれたが、「沖縄の人たちがこれを望んでいるということは確かですね」と、自分が署名しようとしている声明が沖縄の民意に沿っていることを確認してきたことが印象に残っている。

リチャード・フォーク（Richard Falk）

国際法・国際関係学者。1930年生まれ。プリンストン大学国際法名誉教授。2008〜14年、占領下のパレスチナについての国連人権特別報告者を務めた。国際法、人権、国際政治などの分野で著書多数。日本語訳のある近著は『21世紀の国際法秩序―ポスト・ウェストファリアへの展望』（2011年、東信堂）など。80歳の誕生日以来、自身のブログ（URL http://richardfolk.wordpress.com/）でも発信を続けている。カリフォルニア州サンタバーバラ市在住。

軍暴力は民主主義の脅威

分断と弾圧、沖縄と共通

元米陸軍大佐・外交官　アン・ライト

２０１６年10月末、沖縄の人々は「世界ウチナーンチュ大会」で世界中のウチナーンチュが自らのルーツのある地に帰郷・来訪する機会を祝った。その中には、海兵隊基地建設とヘリパッド建設に異議を唱えるために辺野古と高江に足を運んだ人々もいた。海外から来たウチナーンチュはそこで、戦後71年たってもこの小さな島である沖縄が負わされている負担を目の当たりにすることになる。日本にある米軍専有基地の70・６％が、日本の面積の１％にも満たない沖縄県にあるのだ。商業や農業目的に使えるはずの土地が奪われたままで、枯れ葉剤や騒音といった公害を生み出す。一方的な地位協定を押し付けられている。地元の女性に対する軍の性暴力は２０１６年にも起こった。元海兵隊員で、事件当時嘉手納基地の軍属だった男が20歳の女性を殺害した容疑がかかっている事件である。この事件に抗議して、何万もの人たちが県民大会に繰り出した。「今こそ米軍が自分たちの島を去るときが来た」と。何千人ものウチナーンチュがルーツのある沖縄に「戻り」、家族や親戚との再会や出会いを果たしたことを聞くにつけ、世界の他の場所でも祖国への帰還や親族との再会の機会を心待ちにしている人たちがいることにも思いをはせる。私は過去1年半ほど世界中を旅し、家族が再会することが大変難しい、または不可能である場所を見てきた。

離散――南北朝鮮

２０１５年5月、私は30人の女性で構成される国際平和派遣団の一員として南北朝鮮に行った。このプロジェクトは「ウィメン・クロス・ＤＭＺ」（非武装中立地帯をわたる女性たち）という名前で、目的は朝鮮戦争を終わらせ、離散家族が再会できるようにすることだった。朝鮮半島の多くの人々は１９５０年に始まった戦争以来離散させられたままになっている。メンバーには北アイルランドのマイレッド・マグワイア氏、リベリアのレイマ・ボウィ氏という2人のノーベル平和賞受賞者がいた。それぞれが、自らの国内での紛争を終わらせ平和をもたらすために多大な貢献をした。

離散家族は約１０００万人と言われるが、66年たった今、１９８５年に始まって以来20回ほど行なわれてきた南北離散家族相互訪問に参加できたのは2万人に満たない。今でも家族との再会の機会を待つ韓国人のうち半数以上は80代以上であり、平和条約が結ばれ、米国・

韓国と朝鮮民主主義人民共和国の関係が正常化しないかぎりは愛する家族にもう二度と会えない可能性がある。

封鎖と抑圧――ガザ

２０１６年10月初頭、私はイスラエルによるガザ地区の違法封鎖に世界の注目を集める目的で、13カ国の13人の女性たちと「ウィメンズ・ボート・トゥー・ガザ」（ガザに行く女性たちの船）に乗っていた。国連によるとこの封鎖はガザ地区を「２０２０年までには居住不能にしてしまう」ものである。

封鎖されたガザ地区にいるパレスチナ人は、たった20マイルしか離れていないヨルダン川西岸地区にいる家族に会いに行くことすらままならないのだ。ましてやレバノン、ヨルダンなどに行ける状態ではない。この人たちがイスラエルのテロリスト民兵により家を追われ、これらの国にたどり着いて以来60年余、パレスチナ人たちはいまだに国連から「難民」と見なされている。

ヨルダン川西岸地区とガザ地区で、パレスチナ人はイスラエル軍の脅威に毎日さらされている。イスラエルはチェックポイントを次々と築いてパレスチナ人を抑圧し、大きなアパル

米軍キャンプ・シュワブゲート前を訪れ、米軍属女性暴行殺人事件に抗議するアン・ライト氏＝2016年6月8日、名護市辺野古

トヘイトの壁を築き、西岸地区では各地に違法の植民地を設立することによって地区の50％以上の土地をパレスチナ人から奪った。

イスラエルはガザの封鎖を通じて住民の電気、水、食糧、人の移動、他のすべての資源を厳重管理している。面積360平方キロ程度のガザには約200万人が住み、世界で最も人口密度の高い地区となっている。

イスラエルはガザを頻繁にドローン、F16戦闘爆撃機、艦砲や野戦砲の演習のターゲットとして使っている。イスラエルは、イスラエルに住み市民権を持っているパレスチナ人に対しても他のイスラエル人と比べて教育において差別し、上下水道、ゴミ収集といった公共サービスにおいても差別的政策を敷いている。

パレスチナ人はイスラエル軍が家を壊し、西岸地区の農業の支柱である古代のオリーブ園のオリーブの木を引き抜き燃やしてしまうような行為に対し抵抗していることで、毎日のように投獄されている。

マイレッド・マグワイア氏やニュージーランドおよびアルジェリアの国会議員も含むわれわれ13人の女性は、10月5日にガザ沖34マイルの国際水域上でイスラエル軍に拉致された。意思に反してイスラエルに連行されたにもかかわらず、イスラエルへの不法入国の嫌疑をかけられ、10年間の国外退去命令のもとで追放された。

非暴力――ノースダコタ

2016年10月末、私はノースダコタ州の「スタンディング・ロック」という名で知られるスー族の居留地区に招かれた。米国、カナダ、メキシコ、グアテマラ、ホンジュラスといった国、遠くはエクアドルからペルーに至るまでの先住民たちとヨーロッパ系の同志たちが、1172マイルにも及ぶダコタ・アクセス・パイプライン建設計画に反対して結集していた。この計画は北米で一番長い川、ミシシッピ川に流れ込むミズーリ川流域を横切ることから、大企業が引き起こすまたひとつの環境災害になるであろうと予測されていた。

イスラエル政府に立ち向かうパレスチナ人と同じように、抑圧されてきたアメリカの先住民族の非暴力の抵抗は、政府による武力を伴う弾圧に見舞われた。警察が使ったのは軍装備品である。非武装の「水を守る人々」に対する強硬で情け容赦ない攻撃を加えるために、イラクやアフガニスタンの戦闘現場で使った耐地雷・伏撃防護車両（ＭＲＡＰ）や音響兵器を使い、催涙ガス、ゴム弾、警棒を多用した。その取り締まりの様子は、石を投げるパレスチナ人に対し軍装備で対処するイスラエル軍の様子を鮮烈に思い出させるものであった。

沖縄、ガザ、スタンディング・ロックにおける市民に対する軍の暴力は現実のものであり、それぞれの国や地域の民主主義への重大な脅威である。


（２０１６年12月24日）

◎編者から一言

戦争を後から振り返って批判することは簡単だろうが、その最中に批判することは容易ではない。特に政府の職員でありながら政府の方針に反対するというのはそのまま辞職を意味する。アン・ライト氏はそれを15年前に実践した人だ。当時のことは共著書『異議あり！良心の声――戦争に黙っていてはいけない。』（コード・ピンク大阪発行、山猫軒書房、2009年）に詳しい。9・11事件後、当初はアフガニスタンの「アルカイダ」を攻撃することは正しいと信じ、志願して当地の米国大使館に勤務していた。しかし駐在は長引き、「タリバン」の掃討や「アルカイダ」の逮捕にどれだけの時間がかかるのかとの疑問がわき、部隊増派もされずに危険に晒されながら苛立ちを募らせた。しかしブッシュはアフガンに増派するどころか「悪の枢軸」の威嚇を始めたのである。その後モンゴルの代理大使となったが、イラク戦争の準備が進むにつれ、国連の支持決議もなく、「大量破壊兵器」の証拠もないイラクに「先制攻撃」などしてはいけないと悩むようになった。「朝の3時、4時に目が覚める日々」が続いた後、2003年3月19日、爆撃開始の前日にアンはコリン・パウエル国務長官に辞表電報を打った。イラク先制攻撃反対でだけなく、サウジというイスラムの聖地に米軍が駐留することへの反対、イスラエルとパレスチナの紛争解決に政府が努力を怠っていること、北朝鮮と2年以上も議論・対話・取り決めをしていないこと、9・11のあと国内の公民権を侵害していることにも「異議あり！」を唱え、「政府の誤った政策の故に私は『アメリカへの奉仕』を終えなければならない。本当に憲法に忠実な愛国者なら、誰もがそうするでしょう」と綴った。アンは2018年1月にも朝鮮半島の非武装地帯を一緒に渡った女性たちと共にカナダ・バンクーバーの「外相会議」に来て、会場外に集まった市民たちと「制裁強化は〝外交〟ではない！」と訴えた。

アン・ライト（Ann Wright）

元米国陸軍大佐・外交官。29年間米国陸軍・陸軍予備軍に勤務。16年間外交官として、ニカラグア、グレナダ、ソマリア、ウズベキスタン、キルギスタン、シエラレオネ、ミクロネシア、アフガニスタン、モンゴルの大使館に勤務。2003年3月、当時のブッシュ大統領の対イラク戦争に反対して辞職する。沖縄には2006年以来5回訪れている。

米国は「戦争合衆国」 全ての生命　絶滅の危機

映像作家　レジス・トレンブレー

２０１２年、米国の「アジアに基軸を置く」政策に対応する大規模な海軍基地の建設に対する平和的非暴力の抵抗についての短編映画を作るため、私は韓国の済州島に行った。

そこで私が学んだことが私の人生の方向性を変えることとなった。日本の植民支配からの解放後、すぐ朝鮮半島南部は米国の軍政下に置かれたが、済州島は自主独立国家を願う市民が多かったため、警察や軍、右翼組織に迫害を受けた。１９４８年４月３日の島民の蜂起から始まった「済州島４・３事件」では６万人にも及ぶと推定される市民が虐殺された。この人たちは「アカ」とか「共産主義者」というレッテルを貼られた。米国にとってこの人たちは脅威であり、容認できなかったのである。

この済州島の旅で、私は米国の軍事主義と帝国主義が人間、文化、環境にもたらす影響について目を開かされた。３年後、私は太平洋地域に戻り、ハワイからマーシャル諸島を旅して米国の軍事主義の影響をこの目で見たのである。

キャンプ・シュワブのゲート前でスピーチするレジス・トレンブレー氏
＝2015年8月3日、名護市辺野古

最初に寄ったのは米国がレーダー基地を造った京都（経ヶ岬）であった。そこから、米国が太平洋戦争においてもっとも残酷といわれた地上戦を戦った沖縄に行った。そこでは辺野古での米国海兵隊新基地を造る計画に人々が反対していた。米国人はこの小さな島に来て基地を造りはじめ、結局そこにとどまって沖縄の人々、文化、環境に修復不能の損害をもたらした。聞くところによると、沖縄には米軍基地があまりにもたくさんあるせいで、沖縄島そのものが一つの大きな米軍基地だと言われることもあるらしい。

沖縄で1週間過ごした後、原爆投下70周年を迎える広島を訪ねた。追悼式典には何万もの人が出席していた。「ネバー・アゲイン」がその場に共通する感情であった。私はそこにいて、あらためて戦争を終わらせるために必要でさえなかった原爆攻撃による破壊力の恐ろしさを思い知った。１９４５年8月6日は人類の歴史の新たな時代の到来を告げるものだった。それは地球上の全ての生命を絶滅の危機にさらす時代だ。

その後済州島を再び訪れ、大規模な海軍基地が完成してしまったことを目の当たりにした。自分の政府の行為に対する怒りと軽蔑の感情がそこでよみがえってきた。５００年の歴史を持ち、１７００人の人が住む村が破壊されてしまったのである。人々は生活の糧を失い、手つかずの自然が壊された。それでもなお人々は毎日、ゲートの向こうの悪魔たちに対して抗議し続けている。

命を奪った67回もの原水爆実験

済州島から私はマーシャル諸島の首都であるマジュロに行った。１９４６年から１９５８年までに現地で67回行なわれた原水爆実験がもたらしたものをこの目で確認したかったからである。これらの実験の中には、広島の原爆よりも１０００倍もの威力があるものもあった。放射能汚染は多くのがんを引き起こし、マーシャル諸島の数えきれない人々の命を奪った。

恐ろしい出生異常、皮膚やけど、脱毛の原因ともなった。これらの核実験は土壌、海洋、食糧供給源をも汚染した。実験を行なう前はマーシャル諸島の人々はほとんど自給自足生活を送ることができたが、現在では多くの食糧を輸入に頼っている。

ここでも再度、私は自分の政府が行なったことについて悲しみと怒りで圧倒された気持ちになっていた。この時点で、自分は次作の映画で何を暴きたいかということに確信が持てていた。

マジュロから私はハワイに向かった。ハワイは、この世にここまで軍事化された場所はないのではないかと思うような場所だった。そこで先住民の人たちから聞いたのは、1898年に米国が太平洋の足場を作るため、地元住民や文化、自然環境を全く考慮することなく違法にハワイを併合したということである。

米国はハワイを大規模な爆撃訓練場として使用した。「デイビー・クロケット」という小型戦術核兵器の着地確認弾として劣化ウランが使われた。今日まで米国はこの実験により残っている汚染除去をほとんどやっていない。海軍基地のある真珠湾は大変な汚染がされていて、そこで獲れた魚介類を食べたり、泳いだりしないように警告の標識が出ているくらいだ。

自分たちを代表していない政治家に立ち向かう

これらの事実はみな私の新作映画でドキュメントしてある。アメリカ大陸にヨーロッパから白人の植民者が到来して以来、こんにちまでの米国の軍事主義と戦争の軌跡をつづる映画だ。米国がたどってきた運命は生態系、あらゆる文明を破壊し、何千万人もの市民を殺し、人類およびこの地球の全ての生命を絶滅の危機に追い込んでいる。私は「アメリカ合衆国」を「戦争合衆国　United States of War」と呼んでいる。

ヘレン・カルディコット博士は「われわれ人類は、目隠しして、どうでもいいことに悩みながら、核による絶滅という崖っぷちに向かって歩いていくタビネズミのようだ」と言っている（訳者注・タビネズミは個体が増えると、集団で崖から飛び降り自殺するという風説がある）。

私たちの唯一の希望は、何百万、何千万の人間が自分たちを代表していない政治家や政府に立ち向かうことである。日本と米国を含め、世界中で今それは起こっている。人間性を結集させることで、私たちを崖から突き落とそうとしている悪の勢力と闘わなければいけない。

（２０１７年３月７日）

◎編者から一言

レジスはこの本に登場するブルース・ギャグノンともう一人とともに2016年5月、ウクライナのオデッサに行った。その2年前、2014年5月2日に起きた「オデッサ虐殺」の追悼をするためであった。同年2月に、米国が支援するネオナチがキエフでクーデターを起こし、ヤヌコビッチ大統領を追放し、極右政権が誕生した。それに抗議してオデッサの人々は集会や自治権を求める署名を集めたりしていたが、5月2日も労働組合会館の前の広場でブースを出して署名を呼び掛けたりしていた。そうしたら広場に何千ものネオナチが襲ってきて、労働組合会館に市民を追い込み、火を放って、窓から逃げようとする人や逃げ惑う人々を外から、屋上から銃撃し、妊婦を含む50人余が殺され200人以上が負傷した。この事件は凄惨な大犯罪だったが日本を含め、「西側」のメディアは真実を報道していない。レジスはその年の秋にクリミアに行って普通の人々にインタビューを行なった。「ロシアが武力で併合した」という西側メディアのストーリーは嘘で、ネオナチが迫る中、14年3月16日に自主的に住民投票を行なって投票率83%、賛成97%という圧倒的な民意でロシアに戻ったのだ（そもそもクリミアはロシアの一部であったが、1954年フルシチョフがウクライナに譲渡していた）。レジスは一連の映像に「Je Suis Crimea（私はクリミア）」という題をつけてYouTubeで発信している。米国や「西側」の報道は、当初ロシアとの関係改善を謳っていたトランプ政権就任以来「ロシア選挙介入疑惑」という根拠の薄いスキャンダル報道を連日続け、「ルッソフォビア（ロシア憎悪）」が国民に浸透し、日本での「北朝鮮憎悪」にも似た現象が続いている。そんな中、レジスはカメラを片手に世界を回り、米国人に知らされていない真実を届ける努力を続ける、良心のジャーナリストである。

レジス・トレンブレー（Regis Tremblay）

米国メーン州在住のドキュメンタリー映像作家。世界中で米帝国がもたらす悪影響についての映像を撮り続ける。最新作は沖縄の米軍基地問題も含む『Thirty Seconds to Midnight-The Final Wake up Call（終末まで30秒―最後の警鐘）』。RegisTremblay.comでその多くの映像を見られる。

沖縄に恩返ししたい

ビエケスと連帯で勝利を

ニューヨーク大学准教授

マリー・クルーズ・ソト

沖縄には2016年の夏初めて行ったばかりだったので、今回なぜ戻ってきたかと訊かれた時に、驚くようなことではなかったのだろうが、私は戸惑った。自分にとって理由は明白だったからだ。沖縄の何かが、自分に深く共鳴していた。

実際に最初に行った時は沖縄の歴史と体験を学ぶ目的であった。そこで私が見出したのは、重要な細部は異なっていても、沖縄が直面している試練の数々は自分にとってとても馴染みのあるものであったということだ。

私はプエルトリコ人の女性である。もっと正確に言うと、ディアスポラの（故郷から離散させられた）ビエケス人であり、軍事化された植民地主義の研究を専門としている者だ。

ビエケスは、19世紀にスペインに植民地化され、1898年に米国が奪取したプエルトリコ列島のうちの一つの島である。1世紀以上にわたり、砂糖の生産で少数の人に富をもたらしたが多くの人たちの住む場所を奪った植民地であった。その後1940年代には島の4分

沖縄市のサッカー場で汚染物質が発見された問題で調査団体インフォームド・パブリック・プロジェクト（IPP）の河村雅美代表（右）から説明を受けるマリー・クルーズ・ソト氏（左）＝2017年5月8日

の3が米国海軍基地を造るために強制収用された。

自分のことのように共感

私の父方の祖父母は島の西部から追放され、そこは米国海軍の弾薬庫になり、母方の祖父母は島の東側から追放され、そこは実弾射撃場になった。したがって私の両親は兵器と爆撃訓練の間に挟まれた民間人用地に囲い込まれたことになる。結局両親はサン・フワンに移住し、そこで私が生まれた。

両親からはビエケス島における米国海軍の存在を教えられ、自分の中には島への深い愛着が刻まれていった。それ故に私は子ども時代、鉄条網を見ながらそれを越えてみたいという思いに駆られながら過ごしたものである。私が知る軍事化されたビエケスが、当たり前とは思わなくなる話もたくさん聞いて育った（私が生まれる頃には、占領という暴力はもう当たり前とさえ思われるようになっていた。基地を仕切る金網フェンスがあたかも土の中から生えてきたかのごとく）。

この生い立ちから、自分が軍事占領の条件や影響の研究を専門とする学者になったことは自然の成り行きであった。また、沖縄列島における軍事基地の存在に対する沖縄の人たちの闘いについて聞いた時、自分のことのように共感できた。

ビエケス島の米海軍は、市民の不服従運動によって島での運用が困難となり、２００３年に撤退した。陸、海、空域の使用制限、環境破壊、性的および人種的暴力、ビエケス人の社会経済的な周縁化と政治的権利の剥奪が60年以上続いた末のことだった。

「拡散した主権の場」

この間に海軍、米国連邦政府、プエルトリコの植民地政府とビエケスの自治体の間に築かれた関係は、ビエケスが民主的な自己実現のための仕組みを明確に持たず、脆弱であり続けることを概して保証するものだった。プエルトリコの中でもビエケスはとりわけ、地元住民の福利のために管轄権を行使したり、積極的な責任を果たしたりしていく明確な主体がない「拡散した主権の場」として機能した。

このような注意深く作り上げられた混乱状態は、海軍をしてビエケス島と島の人々の権利に多大な制限を付けることを可能にせしめ、海軍が咎めを受けることもなかった。そしてほとんどの場合、海軍の要求に対し民間人側が服従させられる結果となった。

中には、このような状況は自分たちが属したいと思っている国、つまり米国を守るための責任であり、特別に付与された負担であると思う人たちもいた。他の人たちは異論を唱え、抵抗したために苦労することとなった。しかし反対する者たちはおおむね無視された。

ビエケス人全体が無視されてきたからこそ、2003年の勝利はとりわけ意義深いことだったのだ。島の人々は、限定された期間だったとはいえ、自分たちに目を向けさせ、自分たちの声を聞かせる方法を見つけたのだ。島の人々は海軍に、ビエケスから出ていくことを要求した。もちろんこれはビエケス人の力だけで行なったことではない。広範囲の国境を越えた連帯のネットワークを丁寧に育ててきたことで勝利を勝ち取ったのである。この人と人とのつながりを通して、ビエケス人たちは支持、知識、勇気を手に入れたのである。

沖縄との連帯を望むビエケス

沖縄はこのネットワークの中でも重要な存在だった。緊張が高まっていた時期、ビエケスの運動家は、その地の闘いについて学び支持を集めるために沖縄に行った。沖縄の人々も同様にした。米軍基地がもたらす影響に取り組むコミュニティー同士の関係が花開いた。この関係は消えることはなかったが徐々に弱まっていった。それでもビエケスの人たちは沖縄との連帯を望んでいる。ビエケス人たちは沖縄に恩返ししたいという深い責任感を感じているし、また、自分たちの闘いが汚染除去と持続可能な開発という新たな段階に入り、連帯は今でも鍵を握るであろう。

私は個人的には、たとえ異なる優先順位を持って異なる将来像を描いているとしても、ビエケスと沖縄は今もお互いを必要としていると感じている。沖縄の人々は孤立してはいない。言語、文化、距離を乗り越えて、より公正で平和な世界を切望する人たちはたくさんいる。その切望の想いが、私に沖縄の地を再び踏ませたのである。

（２０１７年６月20日）

◎編者から一言

ビエケス。宮古島ぐらいの面積の島に、1万人弱が住む島。1940年代に、米海軍は島の4分の3を軍用地として接収、9000人の住民のうち3000人は80キロメートル離れたセント・クロワ島に移住、残りはソト氏の祖父母がそうであったように島中央の民間地に押し込められる。経済活動は破壊され、貧困、失業、売春、暴力が横行した。1961年に残る住民を全員立ち退きさせる計画があったが、当時の知事がケネディ大統領に、そのようなことをしたら国連やソ連による批判に火が付くと言って思いとどまらせた。ビエケスでは99年、爆撃演習を行なっていた海軍機の誤射で民間人警備員が死亡、反対運動に火が付いた。演習場内の座り込みなど、1500人もの逮捕者を出した粘り強い市民不服従運動の末、2003年ついに海軍はビエケス島から撤退した。そこから土地は内務省管轄となり野生保護区とされ、住民の民主的関与が難しい中での「土地へのアクセス」と「汚染除去」の新たな長い闘いが始まったのである。海軍は約100万kgの軍事廃棄物をマングローブの沼地や湿地帯に投棄していた。高レベルのカドミウム、鉛などの重金属、水銀、硝酸、ウランなどの有害化学物質が食物連鎖や人体、水や土壌に存在し、ガン発生率も高く住民の健康被害は深刻だ。不発弾の危険もある（以上、デイビッド・バイン『Base Nation』、キャサリン・ルッツ『The Bases of Empire』参考）。17年9月、ハリケーン「マリア」でビエケスは壊滅的な被害を受け、年末になってもプエルトリコ本島からの電気供給は途絶えたままであった。ビエケス住民の「60年も爆撃訓練に使っておいて発電機一つ動かせないのか！」との怒りの声（2017年12月20日米国公共ラジオ）は、軍事的搾取をした上、まだ苦難を与え足りないかの如く支援も行き届かないというビエケスに対する二重、三重の不正義を象徴している。

マリー・クルーズ・ソト（Marie Cruz Soto）

ニューヨーク大学准教授。1978年生まれ。プエルトリコ大学卒、ミシガン大学で博士号。ビエケス島をテーマに研究・執筆活動を行なう。軍事化された植民地主義がどのように地域社会の形成に影響を与えてきたか、米軍基地に対する反対運動が、ビエケスと沖縄のような地域社会をどうつなぐことができるかに関心を持っている。2016年6月に続いて2017年5月に沖縄を訪れた。

対話目指す韓国支持を

融和は米、アジアに有益

ジャーナリスト　ティム・ショロック

沖縄住民が自分たちの美しい島から米海兵隊を撤退させるための闘いを強化する一方で、北朝鮮のミサイル実験に対抗したトランプ政権のアジアでの軍事力増強の動きは、沖縄住民の闘いを一層厳しいものにしている。

米空母が朝鮮半島近海に展開して北朝鮮をめぐる危機が高まる中、2017年5月24日に海兵隊のロバート・ネラー総司令官は上院歳出委員会の公聴会で証言した。

沖縄の海兵隊9000人をグアムとハワイに移転する計画についてネラー総司令官は、北朝鮮のミサイル技術向上を指すと思われる「敵対国の能力の変化」に触れながら、計画の変更や延期の可能性を匂わせた。また、変化する脅威に対応するため、米国太平洋軍は航空機を一時的に配属させるさまざまな選択肢を検討しているとも述べた。

計画変更の可能性は国防総省が承認したものではなく日本政府も否定している。しかし、これは、米国の前進戦略における沖縄の戦略的重要性と、北朝鮮の核への野望に対決するた

韓国大統領選で文在寅候補（左）にインタビューするティム・ショロック氏
＝2017年5月7日、韓国・光州市

めに日本、韓国と行なっている大規模な共同軍事演習を裏付けるものだ。米軍にとってここ数カ月、米軍基地の重要性は増している。特に7月4日、北朝鮮が「米国本土を攻撃する能力があるＩＣＢＭ」と主張するミサイルを発射させた今はなおさらだ。

韓国での反米感情の高まり

２０１７年６月末、米国海兵隊のステルス戦闘機Ｆ35Ｂが空軍嘉手納基地に降り立ったことも、沖縄の戦略的価値が増したことを印象付けた。米国太平洋軍によると「この機種が沖縄に飛来するのは初」であった。これは沖縄住民の米軍機騒音被害に拍車をかけるものである。

一方、韓国では、米軍による「高高度防衛ミサイル（THAAD）」の配備に対して反米感情が高まっている。運動家たちは、米国、日本、韓国が採用する海上ミサイル防衛システムの急速な拡大に危機感を募らせている。

済州島ではここ10年ほど地元の激しい反対運動の場となってきた韓国海軍の基地に、米国海軍のイージス搭載駆逐艦が初めて寄港した。韓国政府は、この基地を米艦船が使うことはないと何年も言い続けてきたが、最近の緊張の高まりを受けてその立場は変わった。

ソウルを拠点とする平和市民団体「参与連帯」の国際コーディネーターである白佳倫（ペクガユン）氏は5月末、ソウルで私のインタビューに対し「われわれは当初から、米国のアジア基軸戦略の一環として済州島海軍基地が使われることに懸念を表明してきた。今それが本当になっている」と語った。

しかしトランプ政権と安倍政権が北朝鮮に対する軍事的圧力を強めている中、韓国の文在寅（ムンジェイン）新大統領は、金正恩（キムジョンウン）政権に対話を呼び掛け、緊張緩和を目指している。

韓国人の約8割が南北の対話再開を支持

人権派弁護士出身で韓国の軍事独裁時代にデモに参加して2度逮捕された経歴を持つ文大

統領は、過去の進歩的大統領であった金大中と盧武鉉の「太陽政策」をモデルとしている。私は5月の大統領選挙期間中、文氏にインタビューした外国人ジャーナリスト2人のうちの1人であった。

文氏は私に対し、自分の平壌政府への融和的アプローチは米国とアジア全体にとって有益となると強調した。「北朝鮮の核問題の解決はわれわれの共通の利益となる。韓国が積極的な役割を担えば米国の助けになるし米国の負担を減らすことになる」と文氏は述べた。6月に韓国で行なわれた世論調査によれば、韓国人の約8割が南北の対話再開を支持している。

6月29日に開かれた文大統領とトランプ大統領の初の首脳会談は、文氏のこのような取り組みへの大きな後押しとなった。THAADについては、環境影響評価が完了したら韓国政府は承認するであろうと、文大統領は大幅の譲歩をし、北朝鮮との経済、文化、スポーツ面での交流促進によって信頼関係を築き交渉再開することに対しては、米国の支持を得ることができた。

文在寅大統領主導の和平へ

特に、米韓両国は共同声明で「適切な状況下においては」北朝鮮との対話を開始すると合意し、トランプ大統領は、平和的統一に向けての条件づくりにおいて韓国が「主導的役割」を果たすことを支持した。文大統領はワシントンを発つ前に在外韓国人の集まりで、統一への試みにおける韓国の主導的役割と、南北の対話再開に対してトランプ政権の支持を取り付けたことが首脳会談の重要な成果であったと語った。

ドイツでのG20サミットにおいて文大統領は和平への試みを継続した。北朝鮮がＩＣＢＭ実験を行なった2日後にベルリンで行なったスピーチでは、適切な状況下においては金正恩朝鮮労働党委員長と会う意思があると宣言し、北朝鮮との平和条約締結に向けて努力することを約束した。文大統領は「朝鮮戦争関係国が全て加わった上で平和条約を締結し、朝鮮半島に恒久平和をもたらすべきである」と語った。

沖縄の市民は文大統領の平和への積極的な動きを支持することで、韓国と日本両方における米国の軍拡につながる重圧を軽減することができる。と同時に、韓国と米国の平和運動団体は、米軍基地を減らしていくための沖縄の人々の正当な要求を支持することでアジアの平和創造に貢献ができる。北東アジアで増大する緊張の中で前進するにはそれが唯一の道なのではないか。

（２０１７年7月18日）

◎編者から一言

戦後まもなく、ダグラス・マッカーサー連合国最高司令官は日本の共産化を防ぐためキリスト教化しようと試み、5年間にわたり1500人もの宣教師を日本に送り込んだ。そのうちの一人として1947年に日本に来たのがティム・ショロック氏の両親であった。冷戦期、宣教師の息子として日本と韓国で幼少期から思春期を過ごしたティムの生い立ちからは、米国人ジャーナリストとして朝鮮戦争を終わらせるために粉骨砕身する彼の熱意と責任感が理解できるような気がする。ティムはとりわけ、1980年5月、軍事クーデターに対し蜂起した学生や市民が武力鎮圧を受け多数の死傷者を出した「5・18光州民主化運動」の真相を調べるために多くの米国機密解除文書を集めてきたことで、韓国で知られる存在である（光州市でこの歴史を継承する資料館『5・18民主化運動記録官』のHPは日本語ページがある）。ティムは事件後に韓国に足を運び、当初米国が助けてくれると思っていた市民たちの米国への失望と怒りの声を聞き、真相究明への責任を痛感した。その後ティムが集めた3500ページ以上の文書では次々と、クーデターと蜂起鎮圧への米国の間接直接の関与が明らかになっている。ティムはこの功績を評価され、2015年には光州市から名誉市民として表彰を受けた。これらの文書の中には、80年の事件当時、海上自衛隊と海上保安庁が北朝鮮の侵入を意識し日本海の監視を強化、海自が「韓国西南部地域の状況を詳しく観察していた」という記録もある。この事件には米国の指示で日本も関与していたのだ。ティムは2008年にコネチカット州で行なった講演で、「〝客観的な報道〟よりも、被害者の〝私たちの声になって〟という思いに応え、届かない声を届けるのが〝ヒューマニタリアン・ジャーナリズム〟であり、自分にとってはそれがジャーナリズムの究極的な責任であると思う」と語っている。

ティム・ショロック（Tim Shorrock）

ジャーナリスト。1951年米国生まれ。宣教師の子として幼少期から思春期を日本と韓国で過ごし、現在はワシントンを拠点に活動。著書に、米国の諜報活動外注の実態を論じた「雇われスパイ—諜報アウトソーシングの秘密世界」（未邦訳、Spies for Hire:The Secret World of Intelligence Outsourcing）など。最近は1980年の韓国・光州の民主化運動弾圧における米国の役割を調査している。

分有された責任自覚　世界へ発信　努力続けたい

『アジア太平洋ジャーナル・ジャパンフォーカス』エディター　乗松聡子

「正義への責任―世界から沖縄へ」は２０１４年10月６日に開始、34人の著者と37回の連載を経て、歴史家ジョン・ダワーの大型論考をもって２０１７年10月３日、終了した。

連載のきっかけは、14年初頭、映画監督のマイケル・ムーアら１０３人の世界の学者・文化人・運動家が辺野古の新基地建設中止を米日政府に要求する声明を出したことに遡る。寄稿者の大半がこの声明の署名者であった。活動拠点別では米国が24人と最も多く、他には韓国、日本、オーストラリアが２人、英国、カナダ、台湾、ニュージーランドがそれぞれ１人であった。

歴史的不正義構造

連載のキーワードは「責任」である。声明に署名した１０３人の大半が「基地帝国」米国とその同盟国の市民であった。この連載は、この帝国の一部として軍事植民地化の状態に置かれ続けている沖縄に「正義」をもたらすための個々の「責任」を意識したものである。開始して間もなく、同じく『正義への責任』（岩波書店）という名の本が出ていたことに気づいた。米国の政治哲学者で２００６年に57歳の若さで亡くなったアイリス・マリオン・ヤング（シカゴ大学教授）の遺作の日本語訳であった。

「正義への責任」①、②巻

この書でヤングは、社会の構造的不正義に対して、その不正義の生産、再生産に関与している行為者たちがその不正義を是正する責任を分有するという、責任の「社会的つながりモデル」を提唱している。これは特定の行為者を非難するモデルとは異なり、不正義の背景にある歴史を重視しつつ、社会の構成員が不正義を正す責任を負っていくという考え方である。

沖縄をはじめ、この連載で扱った韓国済州島、ハワイ、グアム、ビエケス、ディエゴ・ガルシアといった、世界中の島々の軍事植民地化という不正義があり、沖縄の場合さらに、不当に日本に組み込まれ差別を受けてきたという歴史的不正義構造がある。この連載で筆者たちが試みたのはまさしくヤングが提唱した、この不正義を是正するための分有された責任の自覚と表現であったと思う。例えば、リチャード・フォークは自らの使命を「市民巡礼者としての行動」と呼んだ（第29回）。

「知る責任、知らせる責任」

俯瞰するに、『語られない米国史』の筆者オリバー・ストーンとピーター・カズニック（第19回）をはじめ、多くの筆者にとっては自国である米国の軍事主義に対する痛烈な批判を行なった。キャサリン・ルッツ（第12回）は、根本的な問題として「米軍という巨大組織とその介入主義政策が生み出す莫大な利益」を指摘する。米国政府は「戦争を永久に続けたい巨大軍事企業によって牛耳られている」とブルース・ギャグノン（第26回）は言う。彼は来沖したとき、米国の宇宙戦争計画をつかさどる軍事衛星通信の中継基地、フォート・バックナーに注目した。

ギャグノンやデイブ・ウェブ（第25回）は、宇宙支配の絶対的優位性を保とうとする米国の標的は中国とロシアであり、ペンタゴンはＴＨＡＡＤ（高高度防衛ミサイル）や「ミサイル防衛」という名の「挑発行為」を正当化するために「北朝鮮の脅威を過度に宣伝」していると断言する。かたや朝鮮半島で終わらない戦争を終わらせ、離散家族の再会を願い非武装地帯の縦断を試みた女性たちの中にクリスティーン・アン（第11回）、アン・ライト（第30回）がいた。クォン・ヒョクテ（第27回）とチェ・ソンヒ（第22回）は沖縄基地を考えるにあたっての韓国との連動、連帯の重要性を再認識させた。

このように筆者たちの言論と行動は、軍需産業と一体化したかのような主流メディアとは一線を画している。ガバン・マコーマック（第4回）は、日本の反中的姿勢が沖縄を危険にしているのに沖縄ではそれに同調するかのように、中国との友好感覚が薄れていることを懸念する。中国ばかりがやり玉に挙げられるが日本も国土の12倍にも及ぶ、中国のそれを大きく上回る海洋権益を主張し、隣国全てと論争状態にあると言う。

そういった現状の中、キャサリン・ミュージックは大浦湾で「天にも昇る」気持ちでその健全なサンゴ礁生態系の中で潜り、基地建設から「私が死んで守れるのなら喜んでそうする」とまで語る（第6回）。デイビッド・バインは「ひめゆり学徒隊」体験者の女性の話を聞きながら「この人は私の祖母なのだ」との気づきの瞬間に涙した（第17回）。アレクシス・ダデンは米国での「日常の暴力」と沖縄への暴力を結び付ける「責任ある想像力」を米国人に求める（第5回）。沖縄への責任を自らの問題とし、沖縄文学の翻訳（第3回ラブソン）、沖縄戦証言の英語出版（第9回イーリー）、映画制作（第22回ユンカーマン、第31回トレンブレー）などで「知る責任、知らせる責任」を実践する。

故・大田昌秀元沖縄県知事の貢献

3年間の連載は、『正義への責任』小冊子①、②、③巻にまとめられた。沖縄の読者からは、県外の日本人こそこれを読むべき、英語版を米国人が読むべきという意見をもらっており、実現させるために尽力中である。

最後に、この連載を通して、２０１７年6月12日に亡くなった大田昌秀元沖縄県知事が「沖縄の世界発信」について多大に貢献してきたことを痛感した。『天王山―沖縄戦と原子爆弾』著者のジョージ・ファイファー（第28回）をはじめ筆者の大半は大田氏と何らかの形で交流があった。シーラ・ジョンソン（第23回）は、保守論客であった亡夫のチャルマーズが大田氏の招きで沖縄に行って「欲深く広がる米軍基地と露骨な植民地支配に衝撃を受け」、晩年は米帝国批判に捧げたことを回想した。私自身２０１０年にインタビューして以来数々の教えと励ましをいただいた。この連載の真の監修者は大田さんと言っても過言ではないと思う。

しかしこの３年、私たちは沖縄への「正義への責任」を果たしたとはとても言えない。新基地建設工事を含む米日の沖縄軍事強化は止まらず、この間に米軍関係者による悲惨な暴行殺人事件も起きた。重い気持ちを抱えながらも、一歩一歩、変化をもたらすことができるように努力し続けたいと思う。

（２０１７年10月７日）

海外識者声明全文

海外の著名な文化人や識者103人が2014年1月、普天間飛行場の辺野古移設に反対し、即時閉鎖・返還を求める声明を発表した。声明とその後識者らが『琉球新報』に託して県民に寄せたメッセージを紹介する。

（識者メッセージの翻訳は琉球新報社）

私たちは沖縄県内の新基地建設に反対し、平和と尊厳、人権と環境保護のためにたたかう沖縄の人々を支持します。

私たち署名者一同は、2013年末に安倍晋三首相と仲井眞弘多沖縄県知事の間でかわされた、人間と環境を犠牲にして沖縄の軍事植民地状態を深化し拡大させるための取り決めに反対します。安倍首相は経済振興をエサに、軍港をともなう大型の海兵隊航空基地を造るために沖縄北東部の辺野古沿岸を埋め立てる承認を仲井眞知事から引き出しました。

辺野古に基地を作る計画は1960年代からありました。それが1996年に掘り起こされ、前年に起こった少女暴行事件もあり当時沖縄で最高潮に達していた反米軍基地感情を鎮めるために、日米政府は、宜野湾市の真ん中にある普天間基地を閉鎖して、辺野古の新基地にその機能を移転させようと計画しました。辺野古は稀に見る生物多様性を抱え、絶滅の危機にある海洋哺乳動物、ジュゴンが棲息する地域です。

仲井眞知事の埋め立て承認は沖縄県民の民意を反映したものではありません。知事は2010年の知事選直前に、それまでの新基地容認姿勢を変更し、「普天間基地移設は県外に求める」と言って、新基地反対で一貫していた候補を破って当選しました。近年の世論調査では県民の辺野古新基地への反対は7割から9割に上っていました。今回の仲井眞知事埋め立て承認直後の世論調査では、沖縄県民の72・4％が知事の決定を「公約違反」と言っています。埋め立て承認は沖縄県民に対する裏切りだったのです。

在日米軍専用基地面積の73・8％は日本国全体の面積の0・6％しかない沖縄県に置かれ、沖縄本島の18・3％は米軍に占拠されています。普天間基地はそもそも1945年の沖縄戦のさ中、米軍が本土決戦に備え、住民の土地を奪って作りました。終戦後返還されるべきであったのに、戦後70年近く経っても米軍は保持したままです。したがって、返還に条件がつくことは本来的に許されないことなのです。

今回の合意は長年の沖縄の人々の苦しみを恒久化させることにもつながります。沖縄は、日本による17世紀初の侵略に始まり、19世紀末の日本国への強制併合を経て、1944年には、米軍の襲撃を控え、天皇制を守るための時間稼ぎの要塞とされました。沖縄戦では10万人以上、住民の4分の1にあたる人々が殺されました。戦後、米軍政下において基地はさらに増えました。沖縄は1972年に日本に「返還」されたものの、基地がなくなるとの沖縄住民の希望は打ち砕かれました。そして今日も、沖縄県民は基地の存在によってひき起こされる犯罪、事件、デシベル数の高い航空機の騒音や、環境汚染による被害を受け続けています。戦後ずっと、沖縄の人々は米国独立宣言が糾弾する「権力の濫用や強奪」に苦しめられ続けています。その例として同宣言が指摘する「われわれの議会による同意なしの常備軍の駐留」もあてはまります。

沖縄の人々は、米国の20世紀における公民権運動に見られたように、軍事植民地状態を終わらせるために非暴力のたたかいを続けてきました。生活を脅かす実弾砲撃訓練に対し演習場に突入して阻止したり、米軍基地のまわりに人間の鎖を作って抵抗を表現したりしました。大規模なデモが時折持たれ、約10万人―人口の10分の1にもあたる人々が参加してきています。80代の人たちが辺野古基地建設を阻止するために立ち上がり、座り込みは何年も続いています。県議会は辺野古基地反対の決議を通し、2013年1月には全41市町村首長が、オスプレイ配備撤回と県内移設基地の建設を断念するよう政府に求める建白書に署名しました。

私たちは、沖縄の人々による平和と尊厳、人権と環境保護のための非暴力のたたかいを支持します。辺野古の海兵隊基地建設は中止すべきであり、普天間は沖縄の人々に直ちに返すべきです。

◎署名者一覧（ファミリー・ネームのアルファベット順、２０１４年１月28日現在）

マシュー・アレン：ジェームズ・クック大学（豪）研究員
ガー・アルペロビッツ：メリーランド大学（米）政治経済学科教授
コージー（カズコ）・アメミヤ：沖縄移民研究家
コリン・アーチャー：国際平和ビューロー（ＩＰＢ）事務局長
ノーマン・バーンボーム：ジョージタウン大学名誉教授
ハーバート・Ｐ・ビックス：ニューヨーク州立大学ビンガムトン校歴史学・社会学名誉教授
ダニエル・ボツマン：イェール大学日本史教授
ジャン・ブダール：核エネルギー情報サービス（シカゴ）
ライナー・ブラウン：国際平和ビューロー（ＩＰＢ）共同代表、国際反核兵器法律家協会（IALANA）事務局長
ジェーン・カダレット：米国パックス・クリスティ
ヘレン・カルディコット：核のない将来のための財団、社会的責任を果たすための医師団初代会長
トニー・カスタンハ：ハワイ大学先住民学科講師
ソンヒ・チェ：済州島海軍基地に反対する江汀村運動
ノーム・チョムスキー：マサチューセッツ工科大学言語学名誉教授
ビビアン・デイムズ：グアム大学社会福祉学科准教授（退職）
ウィニー・デトワィラー：サクラメント地区ピース・アクション
ケリー・ディエズ：イサカ・カレッジ政治学部助教授
ジョン・Ｗ・ダワー：マサチューセッツ工科大学歴史学名誉教授
ジーン・ダウニー：弁護士、著述家
アレクシス・ダデン：コネチカット大学歴史学教授
ジョーン・エックライン：マサチューセッツ大学公共コミュニティーサービス学部（退職）
ダニエル・エルズバーグ：核時代平和財団（Nuclear Age Peace Foundation）上級研究員、元国防総省・国務省職員
シンシア・エンロー：クラーク大学研究教授
リチャード・フォーク：プリンストン大学国際法名誉教授
パット・ファレル：アイオワ州ダビュークのセント・フランシス修道女会

トーマス・ファッツィ：著述家、映画監督（イタリア）、映画『Standing Army』（日本語版『誰も知らない基地のこと』）共同監督
ジョン・フェファー：政策研究所（IPS）「フォーリン・ポリシー・イン・フォーカス」（fpif.org）共同代表
ゴードン・フェルマン：ブランダイス大学（米）社会学教授
ノーマ・フィールド：シカゴ大学東アジア言語文明学部名誉教授
キャロリン・フォーシェイ：ジョージタウン大学英文学教授、ラナン詩学研究所長
ブルース・ギャグノン：「宇宙への兵器と核エネルギーの配備に反対する地球ネット」コーディネーター
ヨハン・ガルトゥング：社会学者、平和発展と環境のためのネットワーク「トランセンド」創立者
アイリーン・ゲンズィエー：ボストン大学政治学部名誉教授
ジョセフ・ガーソン：「アメリカン・フレンズ・サービス委員会」平和と経済の安全保障プログラム部長、政治学・国際安全保障学博士
ゲリー・R・ゴールドスタイン：タフツ大学物理学天文学部教授
ローラ・ハイン：ノースウェスタン大学（シカゴ）日本史教授
ジョン・ホセバー：グリーンピース海洋キャンペーンディレクター
グレン・D・フック：シェフィールド大学東アジア研究所教授
ケイト・ハドソン（PhD）：核軍縮キャンペーン事務局長
ミッキー・ハフ：ディアブロ・バレー・カレッジ歴史学教授、「Project Censored」ディレクター
ビンセント・J・イントンディ：モンゴメリー・カレッジ歴史学准教授
ジーン・E・ジャクソン：マサチューセッツ工科大学人類学教授
ポール・ジョバン：パリ・ディドゥロ大学東アジア言語文明学科准教授
シーラ・ジョンソン：　日本政策研究所（カーディフ、カリフォルニア）、故チャルマーズ・ジョンソン夫人
ピーター・ジョーンズ：タスマニア大学アジア学部講師（ホバート、豪）
ポール・ジョセフ：タフツ大学社会学教授
ジョン・ユンカーマン：映画監督、『映画日本国憲法』監督
ルイース・カムプフ：マサチューセッツ工科大学人文学部名誉教授
ブルース・ケント：国際平和ビューロー元会長　英国核軍縮キャンペーン元議長
アサフ・クフーリ：ボストン大学数学・コンピュータサイエンス教授
ピーター・キング：シドニー大学名誉教授・人類生存プロジェクト召集者
ナオミ・クライン：著述家、ジャーナリスト

ジョイ・コガワ：作家、『オバサン』（和訳『失われた祖国』）著者
ピーター・カズニック：アメリカン大学歴史学教授
ジョン・ランペルティ：ダートマス大学数学名誉教授
スティーブ・リーパー：広島女学院大学教授
ダイアン・レビン：ウィーロック大学（米）教育学教授
ピーター・リム：ミシガン州立大学歴史学教授
ダグラス・ラミス：沖縄国際大学講師
キャサリン・ルッツ：ブラウン大学人類学・国際問題学教授
キョー・マクレア：作家、児童文学者
マイレッド・マグワイア：ノーベル平和賞受賞者
ケビン・マーティン：ピース・アクション事務局長
ロバート＆ジュリア・K・マツイ・エストレラ：映像作家、写真家
ケイコ・マツイ・ヒガ：著述家
ガバン・マコーマック：オーストラリア国立大学名誉教授
ズィア・ミアン：プリンストン大学
マイケル・ムーア：映画監督
リサリンダ・ナビダッド：グアム大学社会福祉准教授
アグネータ・ノーベルグ：スウェーデン平和評議会
エイイチロウ・オチアイ：ジュニアータ大学（米）名誉教授
サトコ・オカ・ノリマツ：ピース・フィロソフィー・センター代表
クーハン・パーク：グローバライゼーションについての国際フォーラム（サンフランシスコ）
エンリコ・パレンティ：映画監督（イタリア）、映画『Standing Army』（日本語版『誰も知らない基地のこと』）共同監督
ソフィー・クイン＝ジャッジ：テンプル大学歴史学准教授
スティーブ・ラブソン：ブラウン大学名誉教授・米陸軍退役軍人（沖縄・辺野古にて１９６７―１９６８年駐留）
Ｊ・ナラヤマ・ラオ：文化、教育、経済センター書記（インド）
ベティ・レアドン：国際平和教育学会教育学教授および名誉創始者
デイビッド・レイノルズ：戦争抵抗者インターナショナル前議長、１９８０年と２０００年の社会党大統領候補

デイビッド・ロスハウザー：朝鮮戦争退役軍人、WILPF9条キャンペーン、映画『被爆者、わが人生』監督
オーレリー・ロヨン：フランス平和運動（Mouvement de la Paix）
マーク・セルダン：コーネル大学東アジアプログラム上級研究員
マーティン・シャーウィン：ジョージ・メイソン大学教授　ピュリッツアー賞受賞者
アリス・スレイター：アボリション2000調整委員会
マーク・ソロモン：シモンズ大学歴史学名誉教授
ジョン・スタインバック：首都圏ヒロシマ・ナガサキ平和委員会（ワシントンDC）
オリバー・ストーン：映画監督
デイビッド・スズキ：生物学者、科学番組キャスター、著述家、環境運動家
コウジ・タイラ：イリノイ大学アーバナ・シャンペーン校経済学名誉教授
ロイ・タマシロ：ウェブスター大学（米）教授
マイケル・トルゥー：アサンプション大学（米）名誉教授
ジョー・バレンタイン：オーストラリア連邦議会元オーストラリア緑の党上院議員
カレル・バン・ウォルフェレン：アムステルダム大学名誉教授、著述家
デイビッド・バイン：アメリカン大学人類学部准教授
バネッサ・ウォーハイト：映画監督、『離島の帝国　マリアナ諸島のアメリカ』監督
デイブ・ウェブ：リーズ・メトロポリタン大学（英）平和と紛争解決学名誉教授、核軍縮キャンペーン議長
ロイス・ウィルソン：世界教会協議会前総会議長
ルーカス・ワール：地球的責任のための技術者・科学者国際ネットワーク（独）プログラム・ディレクター
ローレンス・ウィットナー：ニューヨーク州立大学アルバニー校歴史学名誉教授
アン・ライト：陸軍大佐、元米国外交官
アンジー・ゼルター：トライデント・プラウシェア運動（英国）

米軍は無条件で去れ

ピース・アクション事務局長　ケビン・マーティン

約10年前に平和団体のゲストとして沖縄を訪ねた時、これまで見た中で最も美しい場所の一つだと感じた。だが美しい海など、その景色を上回った唯一のものは、気高く美しく、寛大で、友好的で平和的な島の人々だった。そしてあの美しい平和祈念公園を訪ねた時、第2次世界大戦で命を落とした人々に祈りをささげる誓いの記念碑（平和の礎）が波のように並ぶのを見て、自然と涙があふれた。そして沖縄の人々の歴史と文化に引き付けられた。

普天間飛行場を見渡すことができる場所から、巨大な輸送機がアパートのすぐ上を飛び交い、タッチ・アンド・ゴー訓練をしているのを目の当たりにした。世界でも最も美しい場所の一つに恐ろしいほどの米軍基地が集中していることに、非常に気を悪くした。

われわれは沖縄から米軍基地を撤去することを求め続けている。普天間飛行場を閉鎖する代わりに辺野古に新たな基地を建設するのは、受け入れられない解決策であり、彼らは無条件で島を去らなければならない。

残念ながら、沖縄の米軍基地はアジア太平洋に軍事力を傾ける米軍の見当違いの「リバランス（バランスの取り直し）」や「ピボット（アジア旋回）」戦略に組み込まれている。オバマ大統領と安倍首相の政策は中国を孤立させ、北朝鮮を脅そうとするものだ。だがそれは人々の願いを体現するものではない。日本と米国の人々はそれぞれの国が互いの文化や歴史を尊重し、絆を深め、経済的にもつながり合うことを求めている。

これらの結び付きを強めることこそがアジア太平洋で最も重要なことだ。大きな基地を新たに建設することではない。われわれは沖縄の人々と共に、新たな基地建設と軍事主義の台頭に対し、反対の意思を示し続ける。

（2014年2月4日）

ケビン・マーティン
米国最大の平和・軍縮団体「ピース・アクション」（会員10万人）事務局長。

新基地は環境、文化破壊

ブリティッシュコロンビア大学名誉教授
デイビッド・スズキ

沖縄への新基地建設は美しい自然だけでなく、重要な地域文化を破壊する。正気の沙汰とは思えない。住民が経済的理由で計画を容認するなら、非常に破滅的な道に進むことになる。脅威に基地で対抗すれば危機を永遠に生み出すだけだ。憲法は米国の押し付けだという声もあるが、恒久平和をうたう部分は他の国々から日本を決定的に際立たせる特別なものだ。日本は軍事力ではなく、文化力に秀でた国として世界のお手本であってほしい。

カナダ西部ブリティッシュコロンビア州のハイダ・グワイ地域では、ハイダ族が祖先の土地を守るため、カナダ政府と企業の伐採計画と闘い、勝利した。部外から支援しようとする人はいたが、ハイダ族は自主性を重んじて抵抗した。世界中で固有の地域社会や文化を守ろうとする人たちが立ち上がっている。沖縄もその一つだ。

だが新基地建設を容認し、自然や地域社会の保護を諦めれば沖縄も日本本土やその他の世界と同じになってしまう。つまり経済のために多様な生物の生息地と生態系を破壊し、地域の伝統を消失させる恐ろしい時代の一部になるということだ。
もしどうしても基地を建設するなら、人間の周りに金網を張り巡らせるべきだ。自然を破壊して自分たちだけ生き残ろうと思っている人間の方が地球にとっての脅威だ。

（２０１４年3月18日）

デイビッド・スズキ
カナダのブリティッシュコロンビア大学名誉教授（生物学）。日系3世、戦時中は強制収容所で過ごす。カナダ放送協会の人気テレビ番組を担当。２００４年、国民投票で「現存する最も偉大なカナダ人」に選ばれた。

沖縄の〝物語〟世界へ

詩人・小説家　ジョイ・コガワ

私の子どもたちの父方のルーツは沖縄にある。私の父と兄も１９５２年と１９９２年からの数年間、沖縄で働いていたことがあり、つながりを感じる。沖縄について私が問い続けているのは「なぜ世界でも最も平和的な場所に住む人々が、軍事機構から標的にされ、無視され、侮辱され続けているのか」ということだ。私が思うにその答えは、沖縄は平和の道を求める尊い要求をしているからなのだ。

（人種隔離政策と闘った）ネルソン・マンデラ元南アフリカ大統領はロベン島で投獄された間、毎日少しずつ、目に見えない形で気高い心を育み、学んでいった。そして彼は「私たちの心に平和をもたらすのは、ほかの何でもなく『許し』だ。憤りは毒を飲むようなもので、敵を殺してしまいたいと望むことになる」と語った。この理想を原動力に、彼は正義のための彼の闘争を諦めなかった。

（沖縄戦があった）１９４５年。世界の歴史でも最も激しい地上戦があった場所で、愛らしい子どもたち、祖父母、家族たちがガマの中から立ち上がった。その物語はもっと世に知られるべきだ。

その時は近づいている。沖縄の文化に根差した、調和をもたらす癒やしの鎮痛剤は、「軍事機構の計算」の中に閉じ込められ、冷たく凍りおびえた心に自由をもたらすだろう。

（2014年3月20日）

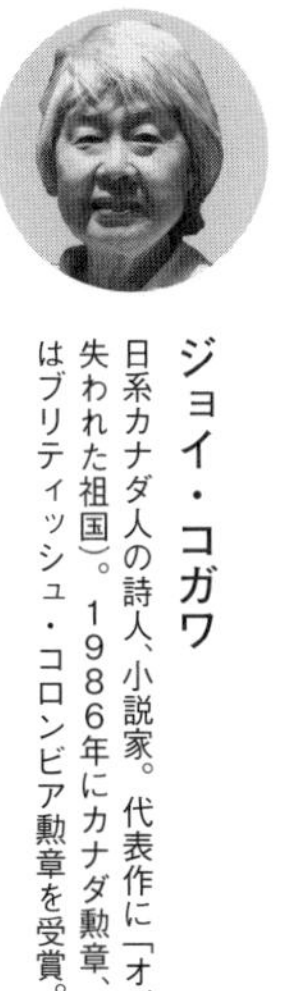

ジョイ・コガワ

日系カナダ人の詩人、小説家。代表作に「オバサン」（邦題・失われた祖国）。1986年にカナダ勲章、2006年にはブリティッシュ・コロンビア勲章を受賞。

「オール沖縄」回復を

シカゴ大学名誉教授　ノーマ・フィールド

稲嶺進名護市長が再選したニュースを知った時、小さな叫びを抑えられなかった。政府はこの選挙結果に懲りることなく、移設を進める意思を明確にしているが、前に立ちはだかる壁を消し去ることはできない。稲嶺市長の勝利は決定的だ。

アメとムチを用いるのは容易だが、基地によって、今後数十年にわたりもたらされる社会変容による構造的障害の克服を考えるのは、困難だ。辺野古は小さな集落だが、移設で最も大きな傷を受ける地域だ。

17年にわたる争いは、近所や家族同士にも対立を生み出してしまった。長く漁を続けてきた漁民にとって、防衛省からの収入保障と引き換えに船を手放すことは容易な選択ではないはずだ。

米国で最も貧しいニューメキシコ州では、長崎に投下された原爆を生み出したロスアラモス国立研究所が大きな雇用施設として栄えた。特効薬はないが、分断統治を試みる情け容赦ない手法に抵抗するためには、このようなことを心にとどめておく必要がある。名護市長選を機に沖縄の人々が再び「オール沖縄」の精神を回復してほしい。われわれも連帯を表明する。

（２０１４年３月21日）

ノーマ・フィールド

シカゴ大学東アジア言語文明学部名誉教授。第２次世界大戦直後、東京で生まれる。著書に昭和天皇の死去までの日を描いたルポ「天皇の逝く国で」など。

「正義への責任」連載の意義

『琉球新報』編集局長　普久原 均

米国の独立宣言を沖縄の視点であらためて読み込んでみると、興味深い点が次々に浮かび上がる。

「国王は、われわれの立法府の同意を得ることなく、平時においてもこの地に常備軍を駐留させている」

この「国王」を日本政府、「われわれの立法府」を県議会、「常備軍」を米軍と読み替えると、見事に今の沖縄と符合する。県議会の多数派が反対するのに新基地建設を進めているからだ。沖縄の全議会の反対決議を無視して、垂直離着陸輸送機オスプレイを配備したのも記憶に新しい。

「国王は以下のような法律を承認してきた……（中略）『その軍隊が諸邦の住民に対して殺人を犯すようなことがあった場合でも、見せかけばかりの裁判によって彼らを処罰から免れさせる法律』」

これなど、米軍人が悪質な犯罪をしても基地内に逃げ込めば逮捕もできない日米地位協定を想起させる。

「国王は（中略）死と荒廃と専制の事業を完遂するため、現に外国人傭兵の大軍を輸送している」

米軍基地が戦争の準備のための施設であり、戦争とは殺し合いにほかならないのだから、「死と荒廃と専制の事業」とは、さしずめ新基地建設に該当しよう。辺野古新基地建設のために警視庁その他の機動隊を大量動員している今の沖縄を予言したかのような文言である。

このように、いくつもの文言が符合するのはなぜか。独立宣言は、英国の植民地であったアメリカ大陸の住民が宗主国の横暴に対して突き付けた異議申し立てである。今の沖縄がまさに、それと同様の植民地である、ということの表れにほかならない。

このような相似形に気付かせてくれたのが、２０１４年１月、世界の識者１０３人が発した辺野古新基地建設反対の声明であった。声明は「戦後ずっと、沖縄の人々は米国独立宣言が糾弾する『権力の乱用や強奪』に苦しめられ続けて」いると指摘した。重要な視点の提起である。

同年秋に『琉球新報』紙上で始まったこの「正義への責任」の連載が、さらにそれを裏付けた。この植民地状況を明確に指摘し、世界標準に照らせばそれが明らかに正義に反していると警鐘を鳴らし続けてくれた。

われわれ沖縄の新聞は、日本と米国が沖縄に対して続けている軍事植民地扱いをやめ、沖縄の自己決定権を尊重すべきだと訴えてきた。その訴えが、国際標準に照らせば極めて真っ当な、ごく常識的な訴えであることも、この連載は証明してくれたと考えている。

これまで沖縄側からこの種の訴えが発せられることはあっても、日本、あるいは米国の側から発せられることはほとんどなかった。その意味でこの評論集は希少かつ貴重である。しばしば、訴えが空中で霧消するかのような徒労感を覚える中で、壁の向こう側にも同様の視点があることを実感させてもらった。いささか大げさな表現を使えば、人類に対する信頼感を回復させてくれた、とさえ言える気がするのである。

「正義への責任」は２０１４年秋から２０１７年秋の3年間にわたり、計34人の識者に執筆していただいた。世界的にも名の知られた、そうそうたる顔ぶれである。こうした著名な識者に、沖縄側の訴えの正当性を保障していただいた意義は計り知れない。あらためて謝意を表したい。

そして何より、こうした方々に対し粘り強く働き掛け、沖縄の状況を丁寧に説明し、執筆を依頼してそれを翻訳した乗松聡子氏に、深い敬意と謝意を表したい。乗松氏がいなければこの企画が存在しなかったのは言うまでもない。知的誠実にあふれたこのような人物が沖縄に関心を寄せ続けていることの幸運を、しみじみ実感するのである。（２０１７年11月2日）

解説

海外の執筆・論者と沖縄の心を繋ぐ結を形作った

琉球大学法科大学院教授
高良鉄美

これだけ多くの著名な人々の集った執筆陣が、沖縄に大きなエールとサポートを表明した書物は、これまでなかったのではないだろうか。各執筆・論者の言説が、沖縄の城（グスク）を形成する新たな抵抗の積み石として一つひとつ確実に接着し、「沖縄の心」をより強固にしているように感ずる。コラボ（協働）という表現でいえば、これらの言説が相互に響き合って、沖縄の心と共鳴している感覚を抱くのである。沖縄の現状に対する闘いは、決して沖縄だけの問題ではなく、当事者の日米はもちろん、国際的な人権、平和、自己決定権の問題であり、人類の根底にある問題へと連なっている。だからこそ、共有できるのである。

沖縄の人々が気づいていない視座を提供

沖縄では、敗戦直後の米軍占領、対日講和条約3条に基づく沖縄分離と米国統治（実質的には米軍統治）、その間の米軍基地から派生する人権侵害、自治権剥奪などが問題となり、米軍への直訴はもちろん日本政府にも訴えてきた。埒が明かないと感じた沖縄住民は琉球政府立法院に働きかけ、1962年2月1日、沖縄の現状を直接国連（加盟国）に訴える決議をした（いわゆる2・1決議）。この時点で、日米の沖縄に対する扱いを国際社会に訴えるという新たな段階を選択したのである。しかし、発信力としては弱く、国際世論の関心を高めるには至らなかった。本書のように国際的な著名人によって沖縄問題を取り上げる動きは、沖縄の問題をワンステージ、国際社会にアップする、換言すれば、アップロードしてくれる効果が確実にある。沖縄の基地問題の大きさが自己の想像以上に大きいものなのだということを沖縄の人々に気づかせてくれる。各執筆・論者のテーマは多様であるが、沖縄の現状に対して、沖縄の人々が気づいていない、あるいは見えていない視座を提供してくれているのである。

編者であり、翻訳者である乗松聡子氏は、沖縄の読者の評価に堪えうる内容と姿勢なのか、考え、検討、議論し、そのプロセスを通じて自身も各筆者も成長しながら、沖縄へのコミットメントが深まるのだという。私の視点から見れば、実は沖縄住民も、このような海外からの声やコミットを通じて相乗効果で成長していっているのだと思う。国際的な視点からみた沖縄の現状は、あまりにもひどい状態なのだということをあらためて確認でき、沖縄の抵抗運動が正当な行動であるとの思いを強く持ち続けることができるのである。海外から、人類普遍の原理である民主主義や自由・平等の理念に裏打ちされたメッセージをさざ波のように沖縄に送り、20年以上にわたって抵抗し続けている辺野古の闘いを強く支えてくれているのである。

乗松氏は、本書が世に出るにあたって「歴史の評価に恥じない言論を展開していこうと襟を正す思いである」と述べている。私はその一文を見たとき、1996年の代理署名裁判（沖縄県における米軍用地使用のための署名、捺印を拒否した知事を総理大臣が訴えた職務執行命令訴訟手続）で、裁判所に対し、「歴史の評価に堪える」判決を強い言葉で求めた故大田昌秀沖縄県知事（当時）の姿が、鮮明によみがえった。戦後50年の節目に始まった同裁判は、あらためて沖縄から日本の地方自治を問い、不平等な基地負担の現状を訴え、半世紀の長きに及ぶ平和的生存権侵害などを叫んだ。本書には、戦後70年の前後に起こった沖縄での出来事が中心にまとめられ、最近の沖縄の動きが生き生きと見える記述が満載であるが、それに劣らず、各執筆・論者の歴史を掘り下げた鋭い分析が特徴ともいえる。

沖縄が米軍「基地の島」になって70年以上が経ち、やがて4分の3世紀になろうとしている。今もって、「基地の中に沖縄がある」状態から脱してはいない。この間、朝鮮戦争、ベトナム戦争、湾岸戦争、イラク戦争などが起こり、実際に沖縄は出撃基地となった。その時には「戦争のための島」となり、常に「戦争に対応する島」となった。1日たりとも、その状態から解放されていないのである。

ベルリンの壁が特に壁の向こう側の力も加わって崩れたように、米軍基地のフェンスの向こう側（米軍人、米国市民であるその家族）にも理解者を増やし、自由・平等・民主主義、そして正義という米国の国是に訴えていくことで、フェンスを崩していく（米軍基地を返還させていく）ことが重要だと考える。米軍の事件事故の恐怖からの自由（平和的生存権）という面からみても、極端な米軍基地負担の不平等という面からみても、民主主義の側面から見ても、沖縄の民意を無視し、頭ごなしに新基地建設やオスプレイ配備を強行していることは、米国の建国理念を自ら壊している。さらに、正義に至っては、自己否定、自己破壊に等しいのではないか。そのような面から考えると、逆に本書が掲載されていた『琉球新報』の連載タイトル「正義への責任」は、米国の「正義」を強固に示すべきだと訴えるものとなってあり、これが米国の国是に響いているのであろう。米国内では、まちがいなく、「正義」や「民主主義」を基にした沖縄の訴えに、反応すると思われる。

米軍基地問題が「沖縄の問題」になっているが、日本の問題であって、米国の問題であると自覚することが大事であろう。本書の効果として、この当事者性を訴えていることが、沖縄の基地問題の展望が開けることに繋がっていくのだと思われる。

憲法が国民に期待している責任

沖縄本島の2割近くを虫食い状態にして、残った所に100万人以上の住民が苦しみもがきながら日常生活を送るという苛酷な重荷を負わせているにもかかわらず、さらに貴重な美しい自然のある場所を餌食にして潰そうとしている。こんな選択を唯一の選択というのが、詭弁でなくてなんであろう。本当にそうなのか、情報、知識をしっかり駆使して実体を見ることが、米軍基地問題に向き合う主権者の姿であろう。国民一人ひとりにどれだけの財政負担をかけて米軍基地が維持されているのか、若い世代の年金負担問題にもかかってくるのであり、見えやすい問題ではないだろうか。

本書の随所に、新鮮な刺激的言葉がいくつもあり、読者を強く覚醒させることは必至である。たとえば、「憲法的責任」という見事な言葉がある。憲法的責任とは、主権者として憲法が国民に期待している責任である。普天間返還は普天間の危険性の除去であり、危険性を同じ沖縄の別のところにまた負わせるのではない。まったく違うことを結びつけて、強行している辺野古新基地建設は主権者の憲法的責任の自覚が試される問題である。日本国民の多くが、沖縄に米軍基地を置くことに賛成しているというが、多数決によって決せられないものとして、憲法が基本的人権を保障しているのである。基本的人権を侵害しないという多数決の土俵を守るのが、憲法で主権者とされる国民の責任であろう。

ところで、NIMBY（Not in my back yard）私の裏庭にあるものではない、自分のところではないから関係ないという意味の語がある。厳しい表現になるが、強いて加えるなら、関係がないから惰眠を貪るということにもなる。英語で人を意味する語尾ERをつければNIMBYER（自分には関係がないと言っている人、筆者造語）になるが、沖縄では、ニーブヤーというのは、居眠りばかりする人、眠ってばかりいる人のことを意味する。日本国民は勤勉の評価が高く、決してこのような国民性ではないと思うが、こと、基地問題、安全保障については、自分のところは安全だから、ほかの人のところの危険を気に掛けないとなると、ニーブヤーではないとは言い切れないかもしれない。十分目覚めない間に起こったことの怖さは、戦前の日本の歴史を見れば、国民が一番知っていると思うのだが……。沖縄でも、米軍基地による被害者意識が強かったが、ベトナム戦争で米軍が北爆を継続し、その出撃基地だから、沖縄も加害者であると認識したとき、基地との闘いはさらに強くなった。しかし、この反基地闘争でも、当時の沖縄の人口の4倍ものベトナム人が死んだことまでは知る人はほとんどいない。もちろん米国人も（本書の論者の言葉）……。

沖縄を「人身御供」として米軍に差し出す日本政府

「沖縄の米軍基地は、第2次世界大戦の日本敗北の最も恥ずべきもの」と語る執筆者もいる。筆者もそう感ずるが、日本政府は沖縄を軍事植民地のように提供することに恥を感じていないようだ。しかし、日本国民は、きっとこのことがニッポンのジョーシキではないこと、恥ずべきだということを、感じるであろう。これが国際社会からみた、沖縄を人身御供（ひとみごくう）として米軍に差し出している日本政府の政策への評価なのである。人身御供をぜひ辞書で調べ、在日米軍基地を沖縄に集中させている日本の安全保障の実体を考えてみてほしい。

そして、世界中に展開している米国の軍事拠点が、池に浮かぶ蓮の葉に例えられるという「リリー・パッド」の語意も初めて知った。まさに、その響きは、沖縄北部の高江集落を取り囲むように点在するオスプレイ・パッドを想起させるものである。日本本土にあるいくつかの米軍基地は大きめのリリー・パッドであり、沖縄は巨大なリリー・パッドである事実をまず、認識しなければならないであろう。日本政府はこれらのパッドを日本の大地から剝がそうとはしないだろうが、主権者としての国民の力で剥がすことができるのだということを確認していくことは大きな意義がある。

最後になったが、本書でもっとも重要な役割を果たしたのは、まぎれもなく、海外の著名人のメッセージを届ける構想を練った中心人物であり、編著者で翻訳者の乗松聡子氏である。沖縄では「ありがとうございます」ということを「ニヘーデービル」、二拝、つまり二回拝みますというのだが、いくら感謝をしても足りるものではなかろう。氏の感性が海外の執筆・論者と沖縄の心を繋ぐ翻訳をし、まさに結（ゆい）を形作ったのである。そして、この肝心（ちむぐくる‥ウチナーグチで他人の困ったことなど我が身のように考える心。頭で考えるのではなく、人間の肝‥ハートで感じる優しさ）を持った本書が、多くの読者に読まれ、日米で、アジア諸国で、沖縄とともに結を形成していくことが、アジア・太平洋の平和を確固たるものにし、ひいては「基地の島」でなくなることに繋がるものと期待している。

初出一覧(『琉球新報』)

2013年4月22日　ノーム・チョムスキー インタビュー

OKINAWAへ・海外識者メッセージ

2014年2月4日　ケビン・マーティン
3月18日　デイビッド・スズキ
3月20日　ジョイ・コガワ
3月21日　ノーマ・フィールド

「正義への責任」世界から沖縄へ

10月6日　乗松聡子
10月22日　ピーター・カズニック
10月27日　スティーブ・ラブソン
11月12日　ガバン・マコーマック
11月25日　アレクシス・ダデン
12月8日　キャサリン・ミュージック
12月24日　ジョセフ・ガーソン
2015年1月13日　ポール・ジョバン
2月3日　マーク・イーリ
2月12日　ハーバート・P・ビックス
3月2日　クリスティーン・アン
3月15日　キャサリン・ルッツ
4月8日　ローレンス・レペタ
4月19日　ジーン・ダウニー
5月16日　乗松聡子
5月28日　ジョン・フェッファー
6月17日　ジャン・ユンカーマン
7月13日　デイビッド・バイン
8月3日　クーハン・パーク
9月14日　オリバー・ストーン／ピーター・カズニック
10月2日　ジョン・レットマン
10月16日　ロジャー・パルバース
11月4日　崔誠希(チェ・ソンヒ)
11月24日　シーラ・ジョンソン
12月16日　カイル・カジヒロ
2016年2月2日　デイブ・ウェブ
2月26日　ブルース・ギャグノン
4月22日　権赫泰(クォン・ヒョクテ)
6月21日　ジョージ・ファイファー(インタビュー)
8月22日　リチャード・フォーク
12月24日　アン・ライト
2017年3月7日　レジス・トレンブレー
6月20日　マリー・クルーズ・ソト
7月18日　ティム・ショロック
9月25日　ジョン・ダワー①
9月27日　ジョン・ダワー②
9月28日　ジョン・ダワー③
10月3日　ジョン・ダワー④
10月7日　乗松聡子(総括)

1月19日	市長選で稲嶺氏が再選
8月17日	沖縄防衛局が辺野古で10年ぶりにボーリング調査開始
11月16日	県内移設反対を公約した翁長雄志氏が大差で県知事に初当選
12月14日	衆院沖縄選挙区の全４区で新基地建設に反対する候補が勝利
2015年9月21日	翁長知事が国連人権理事会総会で演説し、「新基地は人権侵害」と訴える
10月13日	翁長知事が前知事による埋め立て承認を取り消し
11月17日	国土交通相が埋め立て承認取り消しは違法として翁長知事を相手取り福岡高裁那覇支部に提訴
2016年3月4日	裁判で国が和解を受け入れ訴訟取り下げ、新基地工事中断
5月19日	4月28日に行方不明になった20歳女性を遺体で発見。米軍属の男逮捕
6月19日	米軍属女性暴行殺人事件に抗議する県民大会に6万5000人参加
7月10日	参院選沖縄選挙区で伊波洋一氏が自民現職を大差で破る
7月22日	反対住民を排除して北部訓練場内でオスプレイ発着場の建設工事を強行
7月22日	承認取り消しに対する是正指示に応じないのは違法として政府が不作為の違法確認訴訟を提起
8月12日	ベテランズ・フォー・ピース（VFP）が米国で開かれた総会で辺野古新基地建設と米軍北部訓練場でのオスプレイ発着場新設の中止を求め決議、２年連続
9月16日	福岡高裁那覇支部が知事の埋め立て承認取り消しを違法とする判決。県が上告
10月17日	発着場への抗議行動の中で山城博治沖縄平和運動センター議長が逮捕
10月18日	北部訓練場のオスプレイ発着場建設現場で大阪府警の機動隊員が抗議する市民に「土人」と暴言
12月13日	オスプレイが名護市安部の海岸に墜落、大破
12月20日	最高裁が知事の埋め立て承認取り消しを違法とする判決
12月26日	翁長知事が埋め立て承認の取り消しを取り消す
12月27日	辺野古で工事再開
2017年1月30日	翁長知事が３度目の訪米要請に出発
3月18日	山城沖縄平和運動センター議長が5カ月ぶりに保釈
4月25日	辺野古で護岸工事開始
6月15日	山城沖縄平和運動センター議長が国連人権理事会で声明発表
7月24日	県が国を相手に辺野古埋め立て工事の差し止めを求め提訴
10月22日	衆院選挙で沖縄選挙区の全4区のうち3区で新基地建設に反対する候補が勝利
11月	国が石材の海上搬送を開始
2018年2月4日	名護市長選で移設反対を訴えた現職の稲嶺進氏を、新人で実質基地容認の渡具知武豊氏が破り初当選
３月13日	辺野古工事差し止め訴訟　沖縄県敗訴

辺野古新基地問題を中心とした年表

1995年9月4日	３人の米兵による少女乱暴事件発生
10月21日	少女乱暴事件に抗議する県民総決起大会。8万5000人参加
12月7日	村山富市首相が代理署名の職務執行を要求して大田昌秀知事を提訴
1996年4月12日	橋本龍太郎首相とモンデール駐日米大使が普天間飛行場返還を発表
8月28日	代理署名訴訟、最高裁大法廷判決で大田知事敗訴
12月2日	日米両政府が普天間飛行場の移設先を沖縄本島東海岸沖とする日米特別行動委員会（SACO）最終報告を承認
1997年4月17日	駐留軍用地特別措置法改正案が参院本会議で約9割の賛成で可決・成立
12月21日	普天間代替施設建設の是非を問う名護市民投票で反対が52・85％
1998年2月	大田昌秀知事が海上基地反対を表明／名護市長選で岸本建男氏が初当選
11月15日	使用期限15年の条件付きで名護移設を掲げた稲嶺惠一氏が県知事に初当選
12月28日	政府が代替施設を辺野古沿岸域と閣議決定
1999年12月	岸本市長が七つの条件付きで辺野古移設の受け入れ表明
2002年2月	岸本市長が再選
7月	政府、県、市が軍民共用空港建設基本計画合意
11月	知事選で稲嶺氏が再選
2004年4月19日	那覇防衛施設局が辺野古沖で移設事業に着手。反対住民らの座り込み始まる
8月13日	米軍大型ヘリが沖縄国際大学に墜落
2006年1月	名護市長選で島袋吉和氏が初当選
4月	島袋市長が政府とＶ字案で基本合意
5月	２プラス２で米軍再編最終合意
11月	知事選で仲井眞弘多氏が初当選
2008年7月	県議会が移設反対決議を可決
2009年9月	県外・国外移設を唱える鳩山由紀夫首相の政権発足
2010年1月24日	名護市長選で移設反対を訴えた稲嶺進氏が初当選
5月	鳩山首相が県内移設を表明／辺野古回帰を盛り込んだ日米共同声明発表
11月	知事選で仲井眞氏が県外移設を掲げて再選
2012年9月9日	オスプレイ配備に反対する県民大会に10万1000人参加
12月	安倍晋三自公政権が発足
2013年1月28日	全41市町村長、議会議長らが署名した「建白書」を安倍晋三首相に提出
3月	政府が沖縄県に「公有水面埋立承認願書」を提出
12月27日	仲井眞弘多知事が辺野古埋め立てを承認
2014年1月8日	世界の識者・文化人が辺野古新基地建設反対の声明

乗松聡子（のりまつ・さとこ）
『アジア太平洋ジャーナル：ジャパンフォーカス』(apjjf.org) エディターとして、人権・社会正義・歴史認識・戦争責任・米軍基地・核問題等について、日英両文で研究・執筆・教育活動を行う。東京出身、高校時代を含みカナダ西海岸に通算23年在住。「ピース・フィロソフィーセンター」(peacephilosophy.com) 代表。ガバン・マコーマックとの英語の共著 Resistant Islands: Okinawa Confronts Japan and the United States (Rowman & Littlefield, 2012/2018) は日本語版『沖縄の怒ー日米への抵抗』（法律文化社、2013年）、韓国語版（2014年）、中国語版（2015年）がある。オリバー・ストーン、ピーター・カズニックとの共著『よし、戦争について話そう！戦争の本質について話をしようじゃないか！』(2014年、金曜日)。『琉球新報』に海外識者寄稿シリーズ「正義への責任」（2014 ― 17年）、コラム「乗松聡子の眼」（2017年―）を連載。

装丁・本文デザイン＝宮川和夫事務所

沖縄は孤立していない　世界から沖縄への声、声、声。

2018年5月15日　初版発行

編　著	乗松聡子
発行人	北村　肇
発行所	株式会社金曜日
	〒101-0051　東京都千代田区神田神保町2-23　アセンド神保町3階
	URL　http://www.kinyobi.co.jp/
	（業務部）03-3221-8521 FAX 03-3221-8522
	Mail　gyomubu@kinyobi.co.jp
	（編集部）03-3221-8527 FAX 03-3221-8532
	Mail　henshubu@kinyobi.co.jp
印刷・製本	精文堂印刷株式会社

価格はカバーに表示してあります。
落丁・乱丁はお取り替えいたします。

ISBN978-4-86572-028-0 C0036